# 中国电力统计年鉴 2023

◆ 中国电力企业联合会　编

中国统计出版社
China Statistics Press

图书在版编目（CIP）数据

中国电力统计年鉴. 2023 / 中国电力企业联合会编
. -- 北京 : 中国统计出版社, 2023.9
ISBN 978-7-5230-0189-9

Ⅰ. ①中… Ⅱ. ①中… Ⅲ. ①电力工业－工业统计－统计资料－中国－2023－年鉴 Ⅳ. ①F426.61-66

中国国家版本馆 CIP 数据核字(2023)第 158789 号

中国电力统计年鉴—2023

作　　者/中国电力企业联合会
责任编辑/李　冲
执行编辑/张　怡
封面设计/李　静
出版发行/中国统计出版社有限公司
通信地址/北京市丰台区西三环南路甲 6 号　邮政编码/100073
电　　话/邮购（010）63376909　书店（010）68783171
网　　址/http://www.zgtjcbs.com/
印　　刷/河北鑫兆源印刷有限公司
经　　销/新华书店
开　　本/880mm×1230mm　1/16
字　　数/300 千字
印　　张/12.75
版　　别/2023 年 9 月第 1 版
版　　次/2023 年 9 月第 1 次印刷
定　　价/498.00 元

# 《中国电力统计年鉴-2023》

## 编委会

# 说　明

一、《中国电力统计年鉴》是一部全面反映中国电力建设、生产、消费和供需的权威性年度统计资料，资料的编制工作可追溯到上世纪50年代。

二、《中国电力统计年鉴—2023》共分 5 篇：1.基本数据；2.发电生产；3.供用电；4.电力投资；5.世界主要国家和地区数据。

三、本年鉴资料来源于中国电力企业联合会年度统计报表，其中涉及的全国性统计指标，均未包括香港、澳门特别行政区和台湾省数据。

四、本年鉴所使用的度量衡单位，均采用国际统一标准计量单位。

五、本书中部分数据合计数或相对数由于单位取舍不同而产生的计算误差，均未作机械调整。

六、本年鉴各表中的“空格”表示该项统计指标数据不足本表最小单位数、数据不详或无该项数。

七、本年鉴对以前发布的统计资料重新进行审核，凡与本年鉴有出入的，均以本年鉴为准。

# 目 录

## 1 基本数据



## 2 发电生产

# 3 供用电

# 4 电力投资

# 5 世界主要国家和地区数据

# 1

# 基本数据

# 1-1 国民经济主要指标一览表

| 指　　标 | 单位 | 2018年 | 2019年 | 2020年 | 2021年 | 2022年 |
|---|---|---|---|---|---|---|
| 全国总人口 | 万人 | 140541 | 141008 | 141212 | 141260 | 141175 |
| 城镇人口 | 万人 | 86433 | 88426 | 90220 | 91425 | 92071 |
| 乡村人口 | 万人 | 54108 | 52582 | 50992 | 49835 | 49104 |
| 国内生产总值 | 亿元 | 919281 | 986515 | 1013567 | 1149237 | 1210207 |
| 第一产业 | 亿元 | 64745 | 70474 | 78031 | 83217 | 88345 |
| 第二产业 | 亿元 | 364835 | 380671 | 383562 | 451544 | 483165 |
| 第三产业 | 亿元 | 489701 | 535371 | 551974 | 614476 | 638698 |
| 全社会固定资产投资总额 | 亿元 | 488499 | 513608 | 527270 | 552884 | 579556 |
| 货物进出口总额 | 亿美元 | 46224 | 45779 | 46559 | 60502 | 63096 |
| 出口额 | 亿美元 | 24867 | 24995 | 25900 | 33630 | 35936 |
| 进口额 | 亿美元 | 21358 | 20784 | 20660 | 26871 | 27160 |
| 能源生产总量(标准煤) | 亿吨 | 37.9 | 39.7 | 40.7 | 42.7 | 46.6 |
| 原煤(折标) | 亿吨 | 26.2 | 27.2 | 27.5 | 28.5 | 31.4 |
| 原油(折标) | 亿吨 | 2.7 | 2.7 | 2.8 | 2.9 | 2.9 |
| 天然气(折标) | 亿吨 | 2.0 | 2.2 | 2.4 | 2.6 | 2.7 |
| 能源消费总量(标准煤) | 亿吨 | 47.2 | 48.7 | 49.8 | 52.6 | 54.1 |
| 煤炭(折标) | 亿吨 | 27.8 | 28.1 | 28.4 | 29.4 | 30.4 |
| 石油(折标) | 亿吨 | 8.9 | 9.3 | 9.4 | 9.8 | 9.7 |
| 天然气(折标) | 亿吨 | 3.6 | 3.9 | 4.2 | 4.6 | 4.5 |

注：本表数据摘自国家统计局编《中国统计摘要2023》。

# 1-2 电力统计基本数据一览表

| 指 标 | 单 位 | 2022年 | 2021年 | 同比增长（±、%） |
|---|---|---|---|---|
| **一 、发电量** | **亿千瓦时** | **88487** | **85343** | **3.70** |
| 水 电 | 亿千瓦时 | 13522 | 13390 | 1.00 |
| 火 电 | 亿千瓦时 | 58888 | 58059 | 1.40 |
| 核 电 | 亿千瓦时 | 4178 | 4075 | 2.50 |
| 风 电 | 亿千瓦时 | 7627 | 6561 | 16.20 |
| 太阳能发电 | 亿千瓦时 | 4273 | 3258 | 31.20 |
| **二、全社会用电量** | **亿千瓦时** | **86369** | **83358** | **3.61** |
| **A、全行业用电合计** | **亿千瓦时** | **73000** | **71595** | **1.96** |
| 第一产业 | 亿千瓦时 | 1147 | 1039 | 10.43 |
| 第二产业 | 亿千瓦时 | 56991 | 56330 | 1.17 |
| 其中：工 业 | 亿千瓦时 | 55991 | 55296 | 1.26 |
| 第三产业 | 亿千瓦时 | 14862 | 14226 | 4.47 |
| **B、城乡居民生活用电合计** | **亿千瓦时** | **13369** | **11763** | **13.65** |
| 城镇居民 | 亿千瓦时 | 7360 | 6623 | 11.12 |
| 乡村居民 | 亿千瓦时 | 6009 | 5140 | 16.91 |
| **三、发电装机容量** | **万千瓦** | **256798** | **237777** | **8.00** |
| 水 电 | 万千瓦 | 41406 | 39094 | 5.91 |
| 其中：抽水蓄能 | 万千瓦 | 4579 | 3639 | 25.83 |
| 火 电 | 万千瓦 | 133329 | 129739 | 2.77 |
| 其中：燃煤 | 万千瓦 | 112434 | 110962 | 1.33 |
| 燃气 | 万千瓦 | 11565 | 10894 | 6.16 |
| 燃油 | 万千瓦 | 164 | 165 | -0.61 |
| 其中：生物质发电 | 万千瓦 | 4135 | 3807 | 8.64 |
| 核 电 | 万千瓦 | 5557 | 5326 | 4.34 |
| 风 电 | 万千瓦 | 36564 | 32871 | 11.24 |
| 太阳能发电 | 万千瓦 | 39268 | 30654 | 28.10 |
| 其 他 | 万千瓦 | 675 | 94 | 621.06 |

注：发电量数据来源于国家统计局，下同。

1-2 续表 1

| 指　　标 | 单　位 | 2022年 | 2021年 | 同比增长（±、%） |
|---|---|---|---|---|
| **非化石能源发电装机容量** | **万千瓦** | **127605** | **111845** | **14.09** |
| **四、35千伏及以上输电线路回路长度** | **千米** | **2286830** | **2228138** | **2.63** |
| **1.交流** | **千米** | **2231612** | **2179595** | **2.39** |
| 其中：1000千伏 | 千米 | 16089 | 14626 | 10.00 |
| 750千伏 | 千米 | 28161 | 26754 | 5.26 |
| 500千伏 | 千米 | 219274 | 211042 | 3.90 |
| 330千伏 | 千米 | 37023 | 35569 | 4.09 |
| 220千伏 | 千米 | 520929 | 508091 | 2.53 |
| 110千伏 | 千米 | 803413 | 778479 | 3.20 |
| 35千伏 | 千米 | 606723 | 605033 | 0.28 |
| **2.直流** | **千米** | **55219** | **48544** | **13.75** |
| 其中：±1100千伏 | 千米 | 3903 | 3903 | |
| ±800千伏 | 千米 | 32517 | 27304 | 19.09 |
| ±660千伏 | 千米 | 1441 | 1441 | |
| ±500千伏 | 千米 | 16033 | 14590 | 9.89 |
| ±400千伏 | 千米 | 1031 | 1031 | |
| **五、35千伏及以上变电设备容量** | **万千伏安** | **907903** | **862767** | **5.23** |
| **1.交流** | **万千伏安** | **857165** | **813542** | **5.36** |
| 其中：1000千伏 | 万千伏安 | 20700 | 19800 | 4.54 |
| 750千伏 | 万千伏安 | 22945 | 21175 | 8.36 |
| 500千伏 | 万千伏安 | 174714 | 165100 | 5.82 |
| 330千伏 | 万千伏安 | 17814 | 16209 | 9.90 |
| 220千伏 | 万千伏安 | 271116 | 258784 | 4.77 |
| 110千伏 | 万千伏安 | 279973 | 265295 | 5.53 |
| 35千伏 | 万千伏安 | 69903 | 67179 | 4.06 |
| **2.直流** | **万千伏安** | **50738** | **49225** | **3.07** |
| 其中：±1100千伏 | 万千伏安 | 2867 | 2867 | |
| ±800千伏 | 万千伏安 | 31766 | 30558 | 3.95 |
| ±660千伏 | 万千伏安 | 884 | 884 | |
| ±500千伏 | 万千伏安 | 13025 | 12720 | 2.40 |
| ±400千伏 | 万千伏安 | 1245 | 1245 | |

1-2　续表 2

| 指　　标 | 单　位 | 2022年 | 2021年 | 同比增长（±、%） |
|---|---|---|---|---|
| **六、新增发电装机容量** | **万千瓦** | **20298** | **17908** | **13.35** |
| 水　　电 | 万千瓦 | 2371 | 2349 | 0.96 |
| 其中：抽水蓄能 | 万千瓦 | 880 | 520 | 69.23 |
| 火　　电 | 万千瓦 | 4568 | 4939 | -7.51 |
| 其中：燃　　煤 | 万千瓦 | 2920 | 2937 | -0.60 |
| 燃　　气 | 万千瓦 | 649 | 771 | -15.84 |
| 其中：常规燃气 | 万千瓦 | 610 | 758 | -19.57 |
| 煤层气发电 | | 25 | | |
| 燃　　油 | 万千瓦 | | | |
| 其　　他 | 万千瓦 | 999 | 1230 | -18.78 |
| 其中：余温、余气、余压 | 万千瓦 | 614 | 388 | 58.15 |
| 垃圾焚烧发电 | 万千瓦 | 286 | 630 | -54.62 |
| 秸秆、蔗渣、林木质发电 | 万千瓦 | 99 | 212 | -53.28 |
| 核　　电 | 万千瓦 | 228 | 340 | -32.90 |
| 风　　电 | 万千瓦 | 3861 | 4765 | -18.98 |
| 太阳能发电 | 万千瓦 | 8821 | 5454 | 61.75 |
| 其　　他 | 万千瓦 | 449 | 62 | 628.50 |
| **七、火电机组退役和关停容量** | **万千瓦** | **704** | **499** | **41.25** |
| **八、年底主要发电企业电源项目在建规模** | **万千瓦** | **26983** | **18307** | **47.39** |
| 水　　电 | 万千瓦 | 7708 | 7454 | 3.41 |
| 火　　电 | 万千瓦 | 6236 | 4896 | 27.37 |
| 核　　电 | 万千瓦 | 2232 | 1970 | 13.30 |
| 风　　电 | 万千瓦 | 3886 | 2354 | 65.10 |
| **九、新增直流输电线路长度及换流容量** | | | | |
| **1.线路长度** | **千米** | **2223** | **2840** | **-21.73** |
| 其中：±1100千伏 | 千米 | | | |
| ±800千伏 | 千米 | 2080 | 2840 | -26.77 |
| ±660千伏 | 千米 | | | |
| ±500千伏 | 千米 | 143 | | |
| ±400千伏 | 千米 | | | |
| **2.换流容量** | **万千瓦** | **1800** | **3200** | **-43.75** |
| 其中：±1100千伏 | 万千瓦 | | | |
| ±800千伏 | 万千瓦 | 1600 | 3200 | -50.00 |
| ±660千伏 | 万千瓦 | | | |
| ±500千伏 | 万千瓦 | 200 | | |
| ±400千伏 | 万千瓦 | | | |
| **十、新增交流110千伏及以上输电线路长度及变电设备容量** | | | | |
| **1.线路长度** | **千米** | **60170** | **51984** | **15.75** |
| 其中：1000千伏 | 千米 | 1451 | 690 | 110.17 |
| 750千伏 | 千米 | 1242 | 2235 | -44.44 |
| 500千伏 | 千米 | 8676 | 8144 | 6.53 |
| 330千伏 | 千米 | 1284 | 823 | 56.03 |
| 220千伏 | 千米 | 23812 | 17420 | 36.69 |
| 110千伏(含66千伏) | 千米 | 23706 | 22671 | 4.56 |
| **2.变电设备容量** | **万千伏安** | **35320** | **33686** | **4.85** |
| 其中：1000千伏 | 万千伏安 | 600 | 1800 | -66.67 |
| 750千伏 | 万千伏安 | 2370 | 1800 | 31.67 |
| 500千伏 | 万千伏安 | 11395 | 10348 | 10.12 |
| 330千伏 | 万千伏安 | 861 | 576 | 49.48 |
| 220千伏 | 万千伏安 | 10784 | 9774 | 10.34 |
| 110千伏(含66千伏) | 万千伏安 | 9310 | 9388 | -0.82 |

1-2 续表 3

| 指　　标 | 单　位 | 2022年 | 2021年 | 同比增长（±、%） |
|---|---|---|---|---|
| **十一、本年完成电力投资** | **亿元** | **12470** | **10786** | **15.61** |
| **1.电源投资** | **亿元** | **7464** | **5870** | **27.15** |
| 水　电 | 亿元 | 872 | 1173 | -25.72 |
| 火　电 | 亿元 | 895 | 708 | 26.38 |
| 核　电 | 亿元 | 785 | 539 | 45.74 |
| 风　电 | 亿元 | 2011 | 2589 | -22.32 |
| 太阳能发电 | 亿元 | 2865 | 861 | 232.73 |
| 其　他 | 亿元 | 37 | 1 | 4678.37 |
| **2.电网投资** | **亿元** | **5006** | **4916** | **1.83** |
| 输变电 | 亿元 | 4851 | 4764 | 1.83 |
| 其中：直流 | 亿元 | 316 | 380 | -16.98 |
| 交流 | 亿元 | 4505 | 4383 | 2.78 |
| 其　他 | 亿元 | 155 | 153 | 1.74 |
| **十二、单机6000千瓦及以上机组平均单机容量** | | | | |
| 水电：单机容量 | 万千瓦/台 | 7.08 | 6.53 | 0.55 |
| 机组台数 | 台 | 5388 | 5269 | 2.26 |
| 机组容量 | 万千瓦 | 38151 | 34431 | 10.81 |
| 火电：单机容量 | 万千瓦/台 | 13.78 | 13.72 | 0.05 |
| 机组台数 | 台 | 9330 | 9079 | 2.76 |
| 机组容量 | 万千瓦 | 128539 | 124597 | 3.16 |
| **十三、6000千瓦及以上电厂供热量** | **万吉焦** | **575054** | **567114** | **1.40** |
| **十四、6000千瓦及以上电厂发电标准煤耗** | **克/千瓦时** | **283.7** | **284.8** | **-1.09** |
| **十五、6000千瓦及以上电厂供电标准煤耗** | **克/千瓦时** | **300.7** | **301.7** | **-0.96** |
| **十六、6000千瓦及以上电厂厂用电率** | **%** | **4.49** | **4.36** | **0.13** |
| 水　电 | % | 0.25 | 0.26 | -0.01 |
| 火　电 | % | 5.78 | 5.59 | 0.19 |
| **十七、6000千瓦及以上电厂发电设备利用小时** | **小时** | **3692** | **3813** | **-121** |
| 水　电 | 小时 | 3417 | 3606 | -189 |
| 其中：抽水蓄能 | 小时 | 1181 | 1162 | 19 |
| 火　电 | 小时 | 4388 | 4444 | -56 |
| 其中：燃煤 | 小时 | 4593 | 4601 | -8 |
| 燃气 | 小时 | 2426 | 2688 | -261 |
| 核　电 | 小时 | 7616 | 7802 | -186 |
| 风　电 | 小时 | 2218 | 2231 | -12 |
| 太阳能发电 | 小时 | 1340 | 1282 | 59 |
| **十八、6000千瓦及以上电厂燃料消耗** | | | | |
| 发电消耗标煤量 | 万吨 | 148984 | 148207 | 0.52 |
| 发电消耗原煤量 | 万吨 | 231543 | 225019 | 2.90 |
| 供热消耗标煤量 | 万吨 | 22290 | 22132 | 0.71 |
| 供热消耗原煤量 | 万吨 | 33862 | 33336 | 1.58 |
| **十九、供、售电量及线损** | | | | |
| 供电量 | 亿千瓦时 | 74676 | 72344 | 3.22 |
| 售电量 | 亿千瓦时 | 71074 | 68541 | 3.70 |
| 线损电量 | 亿千瓦时 | 3602 | 3803 | -5.29 |
| 线损率 | % | 4.82 | 5.26 | -0.43 |
| **二十、发用电设备比** | | | | |
| 发电装机容量 ：用电设备容量 | | 1:4.21 | 1:4.30 | |
| **二十一、电力弹性系数** | | | | |
| 电力生产弹性系数 | | 1.18 | 1.25 | |
| 电力消费弹性系数 | | 1.20 | 1.28 | |

注：电源投资完成额口径为全国主要发电企业。

# 1-3 历年发电装机容量及比重

单位：万千瓦，%

| 年 份 | 总计 | 水 电 | | 火 电 | | 核电 | | 风电 | | 太阳能发电 | |
|---|---|---|---|---|---|---|---|---|---|---|---|
| | | 容量 | 比重 | 容量 | 比重 | 容量 | 比重 | 容量 | 比重 | 容量 | 比重 |
| 2000 | 31932 | 7935 | 24.8 | 23754 | 74.4 | 210 | 0.7 | | | | |
| 2001 | 33849 | 8301 | 24.5 | 25314 | 74.8 | 210 | 0.6 | | | | |
| 2002 | 35657 | 8607 | 24.1 | 26555 | 74.5 | 447 | 1.3 | | | | |
| 2003 | 39141 | 9490 | 24.2 | 28977 | 74.0 | 619 | 1.6 | | | | |
| 2004 | 44239 | 10524 | 23.8 | 32948 | 74.5 | 684 | 1.5 | | | | |
| 2005 | 51718 | 11739 | 22.7 | 39138 | 75.7 | 685 | 1.3 | 106 | 0.2 | | |
| 2006 | 62370 | 13029 | 20.9 | 48382 | 77.6 | 685 | 1.1 | 207 | 0.3 | | |
| 2007 | 71822 | 14823 | 20.6 | 55607 | 77.4 | 885 | 1.2 | 420 | 0.6 | | |
| 2008 | 79273 | 17260 | 21.8 | 60286 | 76.1 | 885 | 1.1 | 839 | 1.1 | | |
| 2009 | 87410 | 19629 | 22.5 | 65108 | 74.5 | 908 | 1.0 | 1760 | 2.0 | | |
| 2010 | 96641 | 21606 | 22.4 | 70967 | 73.4 | 1082 | 1.1 | 2958 | 3.1 | | |
| 2011 | 106253 | 23298 | 21.9 | 76834 | 72.3 | 1257 | 1.2 | 4623 | 4.4 | 222 | 0.2 |
| 2012 | 114676 | 24947 | 21.8 | 81968 | 71.5 | 1257 | 1.1 | 6142 | 5.4 | 341 | 0.3 |
| 2013 | 125768 | 28044 | 22.3 | 87009 | 69.2 | 1466 | 1.2 | 7652 | 6.1 | 1589 | 1.3 |
| 2014 | 137887 | 30486 | 22.1 | 93232 | 67.6 | 2008 | 1.5 | 9657 | 7.0 | 2486 | 1.8 |
| 2015 | 152527 | 31954 | 20.9 | 100554 | 65.9 | 2717 | 1.8 | 13075 | 8.6 | 4218 | 2.8 |
| 2016 | 165051 | 33207 | 20.1 | 106094 | 64.3 | 3364 | 2.0 | 14747 | 8.9 | 7631 | 4.6 |
| 2017 | 178451 | 34411 | 19.3 | 111009 | 62.2 | 3582 | 2.0 | 16325 | 9.1 | 12942 | 7.3 |
| 2018 | 190012 | 35259 | 18.6 | 114408 | 60.2 | 4466 | 2.4 | 18427 | 9.7 | 17433 | 9.2 |
| 2019 | 201006 | 35804 | 17.8 | 118957 | 59.2 | 4874 | 2.4 | 20915 | 10.4 | 20429 | 10.2 |
| 2020 | 220204 | 37028 | 16.8 | 124624 | 56.6 | 4989 | 2.3 | 28165 | 12.8 | 25356 | 11.5 |
| 2021 | 237777 | 39094 | 16.4 | 129739 | 54.6 | 5326 | 2.2 | 32871 | 13.8 | 30654 | 12.9 |
| 2022 | 256198 | 41406 | 16.1 | 133329 | 51.9 | 5557 | 2.2 | 36564 | 14.2 | 39268 | 15.3 |

# 1-4 历年发电量及比重

单位：亿千瓦时，%

| 年份 | 总计 | 水电 | | 火电 | | 核电 | | 风电 | | 太阳能发电 | |
|---|---|---|---|---|---|---|---|---|---|---|---|
| | | 发电量 | 比重 | 发电量 | 比重 | 发电量 | 比重 | 发电量 | 比重 | 发电量 | 比重 |
| 2000 | 13556 | 2224 | 16.4 | 11142 | 82.2 | 167 | 1.2 | | | | |
| 2001 | 14808 | 2774 | 18.7 | 11834 | 79.9 | 175 | 1.2 | | | | |
| 2002 | 16540 | 2880 | 17.4 | 13381 | 80.9 | 251 | 1.5 | | | | |
| 2003 | 19032 | 2837 | 14.9 | 15804 | 83.0 | 433 | 2.3 | | | | |
| 2004 | 22033 | 3535 | 16.0 | 17956 | 81.5 | 505 | 2.3 | | | | |
| 2005 | 25003 | 3970 | 15.9 | 20473 | 81.9 | 531 | 2.1 | | | | |
| 2006 | 28657 | 4358 | 15.2 | 23696 | 82.7 | 548 | 1.9 | | | | |
| 2007 | 32816 | 4853 | 14.8 | 27229 | 83.0 | 621 | 1.9 | | | | |
| 2008 | 34669 | 5852 | 16.9 | 27901 | 80.5 | 684 | 2.0 | | | | |
| 2009 | 37147 | 6156 | 16.6 | 29828 | 80.3 | 701 | 1.9 | | | | |
| 2010 | 42072 | 7222 | 17.2 | 33319 | 79.2 | 739 | 1.8 | 446 | 1.1 | | |
| 2011 | 47130 | 6990 | 14.8 | 38337 | 81.3 | 864 | 1.8 | 703 | 1.5 | | |
| 2012 | 49876 | 8721 | 17.5 | 38928 | 78.1 | 974 | 2.0 | 960 | 1.9 | | |
| 2013 | 54316 | 9203 | 16.9 | 42470 | 78.2 | 1116 | 2.1 | 1412 | 2.6 | | |
| 2014 | 57945 | 10729 | 18.5 | 44001 | 75.9 | 1325 | 2.3 | 1600 | 2.8 | | |
| 2015 | 58146 | 11303 | 19.4 | 42842 | 73.7 | 1708 | 2.9 | 1858 | 3.2 | | |
| 2016 | 61332 | 11841 | 19.3 | 44371 | 72.3 | 2133 | 3.5 | 2371 | 3.9 | | |
| 2017 | 66045 | 11979 | 18.1 | 47546 | 72.0 | 2481 | 3.8 | 2972 | 4.5 | 1067 | 1.6 |
| 2018 | 71661 | 12318 | 17.2 | 50963 | 71.1 | 2944 | 4.1 | 3660 | 5.1 | 1777 | 2.5 |
| 2019 | 75034 | 13044 | 17.4 | 52202 | 69.6 | 3484 | 4.6 | 4060 | 5.4 | 2245 | 3.0 |
| 2020 | 77791 | 13552 | 17.4 | 53303 | 68.5 | 3663 | 4.7 | 4665 | 6.0 | 2609 | 3.4 |
| 2021 | 85343 | 13390 | 15.7 | 58059 | 68.0 | 4075 | 4.8 | 6561 | 7.7 | 3258 | 3.8 |
| 2022 | 88487 | 13522 | 15.3 | 58888 | 66.5 | 4178 | 4.7 | 7627 | 8.6 | 4273 | 4.8 |

# 1-5　历年发用电设备容量比

单位：万千瓦

| 年　份 | 发电设备容量 | 用电设备容量 | 比值 |
| --- | --- | --- | --- |
| 2000 | 31932 | 72935 | 1∶2.28 |
| 2001 | 33861 | 83148 | 1∶2.46 |
| 2002 | 35657 | 95732 | 1∶2.68 |
| 2003 | 39141 | 100470 | 1∶2.57 |
| 2004 | 44239 | 135075 | 1∶3.05 |
| 2005 | 51718 | 161204 | 1∶3.12 |
| 2006 | 62370 | 189739 | 1∶3.04 |
| 2007 | 71822 | 223357 | 1∶3.11 |
| 2008 | 79273 | 247379 | 1∶3.12 |
| 2009 | 87410 | 276565 | 1∶3.16 |
| 2010 | 96641 | 307077 | 1∶3.18 |
| 2011 | 106253 | 351542 | 1∶3.38 |
| 2012 | 114676 | 398253 | 1∶3.47 |
| 2013 | 125768 | 441837 | 1∶3.51 |
| 2014 | 137887 | 507771 | 1∶3.68 |
| 2015 | 152527 | 575620 | 1∶3.77 |
| 2016 | 165051 | 634481 | 1∶3.84 |
| 2017 | 178451 | 723363 | 1∶4.05 |
| 2018 | 190012 | 752770 | 1∶3.96 |
| 2019 | 201006 | 820438 | 1∶4.08 |
| 2020 | 220204 | 951830 | 1∶4.32 |
| 2021 | 237777 | 1022957 | 1∶4.30 |
| 2022 | 256798 | 1080236 | 1∶4.21 |

# 1-6 历年人均电力指标

单位:千瓦/人，千瓦时/人

| 年 份 | 人均装机容量 | 人均发电量 | 人均用电量 | 人均生活用电量 |
|---|---|---|---|---|
| 2000 | 0.25 | 1074 | 1067 | 132 |
| 2001 | 0.27 | 1164 | 1154 | 145 |
| 2002 | 0.28 | 1292 | 1280 | 156 |
| 2003 | 0.30 | 1477 | 1466 | 174 |
| 2004 | 0.34 | 1700 | 1679 | 189 |
| 2005 | 0.40 | 1918 | 1901 | 217 |
| 2006 | 0.47 | 2186 | 2164 | 247 |
| 2007 | 0.54 | 2490 | 2471 | 274 |
| 2008 | 0.60 | 2617 | 2595 | 308 |
| 2009 | 0.65 | 2790 | 2749 | 344 |
| 2010 | 0.72 | 3145 | 3140 | 381 |
| 2011 | 0.79 | 3504 | 3496 | 418 |
| 2012 | 0.84 | 3683 | 3667 | 460 |
| 2013 | 0.92 | 3984 | 3919 | 498 |
| 2014 | 1.00 | 4224 | 4056 | 506 |
| 2015 | 1.10 | 4214 | 4126 | 528 |
| 2016 | 1.19 | 4419 | 4305 | 582 |
| 2017 | 1.27 | 4730 | 4557 | 623 |
| 2018 | 1.35 | 5109 | 4919 | 691 |
| 2019 | 1.43 | 5330 | 5149 | 728 |
| 2020 | 1.56 | 5513 | 5331 | 776 |
| 2021 | 1.68 | 6043 | 5899 | 835 |
| 2022 | 1.82 | 6266 | 6116 | 947 |

注：本表2011—2019年数据根据第七次全国人口普查数据修订。

# 1-7 历年主要电力技术经济指标

| 年 份 | 发电设备平均利用小时（小时） | 发电厂用电率（%） | 线损率（%） | 发电标准煤耗（克/千瓦时） | 供电标准煤耗（克/千瓦时） |
|---|---|---|---|---|---|
| 2000 | 4517 | 6.28 | 7.70 | 363.0 | 392.0 |
| 2001 | 4588 | 6.24 | 7.55 | 357.0 | 385.0 |
| 2002 | 4860 | 6.15 | 7.52 | 356.0 | 383.0 |
| 2003 | 5245 | 6.07 | 7.71 | 355.0 | 380.0 |
| 2004 | 5455 | 5.95 | 7.55 | 349.0 | 376.0 |
| 2005 | 5425 | 5.87 | 7.21 | 343.0 | 370.0 |
| 2006 | 5198 | 5.93 | 7.04 | 342.0 | 367.0 |
| 2007 | 5020 | 5.83 | 6.97 | 332.0 | 356.0 |
| 2008 | 4648 | 5.90 | 6.79 | 322.0 | 345.0 |
| 2009 | 4546 | 5.76 | 6.72 | 320.0 | 340.0 |
| 2010 | 4650 | 5.43 | 6.53 | 311.8 | 333.3 |
| 2011 | 4730 | 5.39 | 6.52 | 308.4 | 329.1 |
| 2012 | 4579 | 5.10 | 6.74 | 304.8 | 324.6 |
| 2013 | 4521 | 5.05 | 6.69 | 301.6 | 321.0 |
| 2014 | 4348 | 4.85 | 6.64 | 299.9 | 319.0 |
| 2015 | 3988 | 5.09 | 6.64 | 296.9 | 315.4 |
| 2016 | 3797 | 4.77 | 6.49 | 293.9 | 312.1 |
| 2017 | 3790 | 4.80 | 6.48 | 291.3 | 309.4 |
| 2018 | 3880 | 4.69 | 6.27 | 289.9 | 307.6 |
| 2019 | 3828 | 4.67 | 5.93 | 288.8 | 306.4 |
| 2020 | 3756 | 4.59 | 5.60 | 287.2 | 304.9 |
| 2021 | 3813 | 4.36 | 5.26 | 284.8 | 301.7 |
| 2022 | 3692 | 4.49 | 4.86 | 283.7 | 300.7 |

# 1-8 历年电力生产和消费弹性系数

| 年份 | 电力生产弹性系数 | 电力消费弹性系数 |
|---|---|---|
| 2000 | 1.31 | 1.35 |
| 2001 | 1.02 | 1.09 |
| 2002 | 1.26 | 1.28 |
| 2003 | 1.52 | 1.53 |
| 2004 | 1.50 | 1.50 |
| 2005 | 1.22 | 1.26 |
| 2006 | 1.11 | 1.12 |
| 2007 | 1.02 | 1.05 |
| 2008 | 0.60 | 0.57 |
| 2009 | 0.72 | 0.70 |
| 2010 | 1.40 | 1.39 |
| 2011 | 1.25 | 1.26 |
| 2012 | 0.70 | 0.73 |
| 2013 | 1.00 | 0.98 |
| 2014 | 0.58 | 0.56 |
| 2015 | 0.15 | 0.14 |
| 2016 | 0.74 | 0.74 |
| 2017 | 0.95 | 0.95 |
| 2018 | 1.27 | 1.28 |
| 2019 | 0.78 | 0.73 |
| 2020 | 1.78 | 1.41 |
| 2021 | 1.25 | 1.28 |
| 2022 | 1.23 | 1.20 |

# 1-9 电力在一次能源和终端消费中的比重

单位：%

| 年 份 | 电煤消费原煤占煤炭产量的比重 | 电力消费能源在一次能源中的比重 | 电能在终端能源消费中的比重 |
|---|---|---|---|
| 2000 | 45.54 | 41.72 | 17.89 |
| 2005 | 53.72 | 41.39 | 19.22 |
| 2006 | 55.37 | 43.1 | 20.31 |
| 2007 | 56.66 | 44.20 | 21.81 |
| 2008 | 50.81 | 40.94 | 21.70 |
| 2009 | 49.41 | 40.96 | 20.59 |
| 2010 | 54.24 | 43.43 | 22.68 |
| 2011 | 53.30 | 44.28 | 23.40 |
| 2012 | 49.67 | 44.51 | 23.90 |
| 2013 | 51.57 | 42.57 | 21.35 |
| 2014 | 50.18 | 41.84 | 21.78 |
| 2015 | 50.29 | 42.20 | 22.08 |
| 2016 | 54.95 | 42.66 | 23.04 |
| 2017 | 57.28 | 44.64 | 23.91 |
| 2018 | 60.66 | 46.05 | 24.89 |
| 2019 | 59.39 | 46.37 | 25.56 |
| 2020 | 59.99 | 47.31 | 25.92 |
| 2021 | 62.62 | 49.09 | 27.42 |
| 2022 | 59.03 | | |

注：1991年及以后电能在终端能源消费的比重是采用当量计算法得出。

# 主要统计指标解释

**1.人口数**：指一定时点，一定区域范围内有生命的个人总和。

**2.年度统计的年末人口数**：指每年 12 月 31 日 24 时的人口数。年度统计的全国人口总数内未包括香港、澳门特别行政区和台湾省以及海外华侨人数。

**3.城镇人口和乡村人口**：城镇人口是指居住在城镇范围内的全部常住人口；乡村人口是除上述人口意外的全部人口。

**4.国内生产总值**：指一个国家所有常住单位在一定时期内生产活动的最终成果。国内生产总值由三种表现形态，即价值形态、收入形态和产品形态。从价值形态看，它是所有常住单位在一定时期内生产的全部货物和服务价值与同期投入的全部非固定资产货物和服务价值的差额，即所有常住单位得增加值之和；从收入形态看，它是所有常住单位在一定时期内创造的各项收入之和，包括劳动者报酬、生产税净额、固定资产折旧和营业盈余；从产品形态看，它是所有常住单位在一定时期内最终使用的货物和服务价值与货物和服务净出口价值之和。在实际核算中，国内生产总值有三种计算方法，即生产法、收入法和支出法。三种方法分别从不同的方面反映国内生产总值及其构成。对于一个地区来说，称为地区生产总值或地区 GDP。

**5.三次产业**：三次产业的划分是世界上较为常用的产业结构分类，但各国的划分不尽一致。根据《国民经济行业分类》（GB/T 4754—2017）和《三次产业划分规定》，我国的三次产业划分是：第一产业是指农、林、牧、渔业（不含农、林、牧、渔专业及辅助性活动）。第二产业是指采矿业（不含开采专业及辅助活动），制造业（不含金属制品、机械和设备修理业），电力、热力、燃气及水生产和供应业，建筑业。第三产业即服务业，是指除第一产业、第二产业以外的其他行业。

**6.全社会固定资产投资总额**：是以货币形式表现的在一定时期内全社会建造和购置固定资产的工作量以及与此有关费用的总称。该指标反映固定资产投资规模、结构和发展速度的综合性指标。全社会固定资产投资按登记注册类型可分为国有、集体、联营、股份制、私营和个体、港澳台商、外商、其他等。

**7.货物进出口总额**：指实际进出我国关境的货物总金额。包括对外贸易实际进出口货物，来料加工装配进出口货物，国家间、联合国及国际组织无偿援助货物和赠送品，华侨、港澳台同胞和外籍华人捐赠品，华侨、港澳台同胞和外籍华人捐赠品，租赁期满归承租人所有的租赁货物，中外合资企业、中外合作经营企业、外商独资经营企业进出口货物和公用物品，到、离岸价格在规定限额以上的进出口货样和广告品（无商业价值、无使用价值和免费提供出口的除外），从报税仓库提取在中国境内销售的进口货物，以及其他进出口货物。该指标可以观察一个国家在货物贸易方面的总规模。我国规定出口货物按离岸价格统计，进口货物按到岸价格统计。

**8.能源生产总量**：在一定时期内，全国一次能源生产量的总和。该指标是观察全国能源生产水平、规模、构成和发展速度的总量指标。一次能源生产量包括原煤、原油、天然气、水电、核能及其他动力能（如风能、地热能等）发电量，不包括低热值燃料生产量、太阳热能等的利用和由一次能源加工转换而成的二次能源总量。

**9.能源消费总量**：指一定地域内，国民经济各行业和居民家庭在一定时期内消费的各种能源的总和。包括：原煤、原油、天然气、水能、核能、风能、太阳能、地热能、生物质能等一次能源；一次能源通过加工转换生产的洗煤、焦炭、煤气、电力、热力、成品油等二次能源和同时产生的其他产品；其他化石能源、可再生能源和新能源。其中水能、风能、太阳能、地热能、生物质等可再生能源，是指人们通过一定技术手段获得的，并作为商品能源使用的部分。在核算过程中，一次能源、二次能源消费不能重复计算。能源消费总量为终端能源消费量、能源加工转换损失量和能源损失量三部分。

**10.发电量**：是指电厂在报告期内生产的电能量。

**11.非化石能源发电**：指非煤炭、石油、天然气等经长时间地质变化形成，只供一次性使用的能源类型外的其他能源发电类型。即水电、核电、风电、太阳能发电、生物质发电、地热能和海洋能发电等。

**12.全社会用电量**：指报告期内全社会对电力的全部消费总量，它包括国民经济各行业的电力消费和城乡居民生活电力消费。

**13.第一产业用电量**：指农业、林业、牧业、渔业（不含农、林、牧、渔服务业）用电。

**14.第二产业用电量**：指采矿业（不含开采辅助活动），制造业（不含金属制品、机械和设备修理业），电力、热力、燃气及水生产和供应业，建筑业用电。

**15.第三产业用电量**：即服务业用电，是指除第一产业、第二产业以外的其他行业用电。包括：批发和零售业，交通运输、仓储和邮政业，住宿和餐饮业，信息传输、软件和信息技术服务业，金融业，房地产业，租赁和商务服务业，科学研究和技术服务业，水利、环境和公共设施管理业，居民服务、修理和其他服务业，教育，卫生和社会工作，文化、体育和娱乐业，公共管理、社会保障和社会组织，国际组织，以及农、林、牧、渔业中的农、林、牧、渔服务业，采矿业中的开采辅助活动，制造业中的金属制品、机械和设备修理业用电。

**16.城乡居民生活用电量**：指城镇居民和乡村居民家庭照明、家用电器等生活用电量的总和。

**17.发电装机容量**：本册中发电装机容量指期末发电设备容量，它是指报告期（月、季、年）的最后一天 24 时，发电厂实际拥有的在役发电机组容量的总和。期末的发电设备容量即为下一期初的发电设备容量。

**18.输电线路长度**：指输送电量的电力线路的长度，分为杆路长度和回路长度。

（1）杆路长度指一条线路从起点到终点的杆距总和。如在同一杆路上架设不同电压的线路，则杆路长度按每一不同电压的线路分别计算，但电压相同的不能重复计算。

（2）回路长度指一条线路两端控制电器（或 T 接或 π 接的接点）间的杆距总和。如一条线路上只有一回线路时，则杆路长度与回路长度相同。如一条线路上装设有相同电压和不同电压的几个回路时，应以各回路的总和作为这条线路的回路长度。

**19.本年完成投资**：指从本年 1 月 1 日起至报告期末止完成的全部投资额。实际完成投资额是以货币表示的工作量指标，包括实际完成的建筑安装工程价值，设备、工具、器具的购置费，以及实际发生的其他费用。

**20.供热机组容量**：指热电厂中专门用于供热的机组设备总容量。

**21.供热量**：指火力发电机组在发电的同时，电厂对外供给蒸汽或热水的总热量，电力工业一般只统计电厂的供热量。

**22.发电（供热）耗用原煤量：**指在发电（供热）生产过程中发电（供热）消耗的燃料，不包括下列耗用量（或用汽、热水折算的燃料量）：

（1）新设备或大修后设备的烘炉、煮炉、暖机、空载运行的电力和燃料的消耗量；

（2）新设备在未移交生产前的带负荷试运行期间，耗用的电量和燃料；

（3）计划大修以及基建、更改工程施工用的电力和燃料；

（4）发电机作调相运行时耗用的电力和燃料；

（5）自备机车、船舶等耗用的电力和燃料；

（6）升、降压变压器（不包括厂用电变压器）、变波机、调相机等消耗的电力；

（7）修配车间、车库、副业、综合利用、集体企业、外供及非生产用（食堂、宿舍、幼儿园、学校、医院、服务公司和办公室等）的电力和燃料。

**23.发电厂用电率：**指发电厂生产电能过程中消耗的电量（称发电厂用电量）与发电量的比率。

**24.平均利用小时：**指报告期内平均发电设备容量在满负荷运行条件下的运行小时数，反映发电设备按照铭牌容量计算的设备利用程度的指标，计算公式为：发电设备平均利用小时 = 发电量 / 发电设备平均容量（注：此公式中的发电量不含试运行电量）。

**25.标准煤量：**指将不能直接相加的各种不同发热量的燃料按一定系数折合成标准燃料的一种方法。标准煤量(吨) = Σ 某种燃料数量(吨) ×该燃料低位发热量(千焦/千克) / 29307.6(千焦/千克)。

**26.发电标准煤耗：**指火力发电机组每发一千瓦时电能平均耗用的标准煤量。

**27.供电标准煤耗：**指火力发电机组每供出一千瓦时电能平均耗用的标准煤量。

**28.电力生产弹性系数：**是研究电力生产增长速度与国民经济增长速度之间关系的指标。计算公式：电力生产弹性系数=电力生产量年平均增长速度/国民经济年平均增长速度。

**29.电力消费弹性系数：**反映电力消费增长速度与国民经济增长速度之间比例关系的指标。计算公式：电力消费弹性系数=电力消费年平均增长速度/国民经济年平均增长速度。

# 2

# 发电生产

# 2-1 分地区发电装机容量(合计)

单位：万千瓦

| 地 区 | 2018年 | 2019年 | 2020年 | 2021年 | 2022年 |
|---|---|---|---|---|---|
| **全 国** | **190012** | **201006** | **220540** | **237777** | **256798** |
| 北 京 | 1276 | 1304 | 1316 | 1340 | 1361 |
| 天 津 | 1709 | 1842 | 1917 | 2192 | 2262 |
| 河 北 | 7427 | 8319 | 10042 | 11078 | 12459 |
| 山 西 | 8758 | 9249 | 10383 | 11338 | 12091 |
| 内蒙古 | 12285 | 12931 | 14639 | 15487 | 16915 |
| 辽 宁 | 5192 | 5370 | 5776 | 6164 | 6595 |
| 吉 林 | 3055 | 3122 | 3278 | 3485 | 4030 |
| 黑龙江 | 3129 | 3246 | 3536 | 3955 | 4180 |
| 上 海 | 2525 | 2664 | 2669 | 2786 | 2830 |
| 江 苏 | 12657 | 13288 | 14146 | 15420 | 16156 |
| 浙 江 | 9565 | 9789 | 10142 | 10857 | 11810 |
| 安 徽 | 7089 | 7394 | 7816 | 8466 | 9254 |
| 福 建 | 5770 | 5909 | 6372 | 6983 | 7531 |
| 江 西 | 3554 | 3782 | 4401 | 4847 | 5490 |
| 山 东 | 13107 | 14044 | 15896 | 17334 | 18958 |
| 河 南 | 8680 | 9306 | 10169 | 11114 | 11959 |
| 湖 北 | 7401 | 7862 | 8273 | 8816 | 9438 |
| 湖 南 | 4522 | 4669 | 4915 | 5344 | 5774 |
| 广 东 | 11929 | 12870 | 14224 | 15821 | 17212 |
| 广 西 | 4513 | 4615 | 5178 | 5533 | 6277 |
| 海 南 | 919 | 918 | 999 | 1056 | 1307 |
| 重 庆 | 2386 | 2448 | 2488 | 2574 | 2685 |
| 四 川 | 9833 | 9929 | 10105 | 11435 | 12390 |
| 贵 州 | 6039 | 6599 | 7478 | 7573 | 8087 |
| 云 南 | 9341 | 9620 | 10266 | 10635 | 11177 |
| 西 藏 | 304 | 327 | 395 | 480 | 540 |
| 陕 西 | 5443 | 6242 | 7366 | 7636 | 8110 |
| 甘 肃 | 5113 | 5268 | 5620 | 6152 | 6810 |
| 青 海 | 2800 | 3168 | 4030 | 4114 | 4519 |
| 宁 夏 | 4715 | 5296 | 5943 | 6214 | 6474 |
| 新 疆 | 8978 | 9614 | 10763 | 11547 | 12112 |

# 2-2 分地区发电装机容量增速(合计)

单位：%

| 地 区 | 2018年 | 2019年 | 2020年 | 2021年 | 2022年 |
|---|---|---|---|---|---|
| **全 国** | **6.5** | **5.8** | **9.6** | **7.8** | **8.0** |
| 北 京 | 4.6 | 2.2 | 0.9 | 1.8 | 1.6 |
| 天 津 | 14.0 | 7.8 | 4.0 | 14.4 | 3.2 |
| 河 北 | 9.1 | 12.0 | 20.7 | 10.3 | 12.5 |
| 山 西 | 8.5 | 5.6 | 12.3 | 9.2 | 6.6 |
| 内蒙古 | 3.9 | 5.3 | 13.2 | 5.8 | 9.2 |
| 辽 宁 | 6.7 | 3.4 | 7.5 | 6.7 | 7.0 |
| 吉 林 | 6.7 | 2.2 | 5.0 | 6.3 | 15.6 |
| 黑龙江 | 5.4 | 3.7 | 8.9 | 11.8 | 5.7 |
| 上 海 | 5.2 | 5.5 | 0.2 | 4.4 | 1.6 |
| 江 苏 | 10.4 | 5.0 | 6.5 | 9.0 | 4.8 |
| 浙 江 | 7.5 | 2.3 | 3.6 | 7.1 | 8.8 |
| 安 徽 | 9.6 | 4.3 | 5.7 | 8.3 | 9.3 |
| 福 建 | 3.1 | 2.4 | 7.8 | 9.6 | 7.8 |
| 江 西 | 12.2 | 6.4 | 16.4 | 10.1 | 13.3 |
| 山 东 | 4.4 | 7.2 | 10.8 | 9.0 | 9.4 |
| 河 南 | 10.2 | 7.2 | 9.3 | 9.3 | 7.6 |
| 湖 北 | 3.9 | 6.2 | 5.2 | 6.6 | 7.1 |
| 湖 南 | 5.7 | 3.2 | 5.3 | 8.7 | 8.1 |
| 广 东 | 8.8 | 7.9 | 10.5 | 11.2 | 8.8 |
| 广 西 | 4.2 | 2.3 | 12.2 | 6.9 | 13.4 |
| 海 南 | 16.9 | -0.1 | 8.7 | 5.8 | 23.8 |
| 重 庆 | 2.6 | 2.6 | 1.6 | 3.5 | 4.3 |
| 四 川 | 1.1 | 1.0 | 1.8 | 13.2 | 8.4 |
| 贵 州 | 4.5 | 9.3 | 13.3 | 1.3 | 6.8 |
| 云 南 | 4.3 | 3.0 | 6.7 | 3.6 | 5.1 |
| 西 藏 | 8.3 | 7.4 | 20.9 | 21.7 | 12.4 |
| 陕 西 | 10.3 | 14.7 | 18.0 | 3.7 | 6.2 |
| 甘 肃 | 2.4 | 3.0 | 6.7 | 9.5 | 10.7 |
| 青 海 | 10.1 | 13.2 | 27.2 | 2.1 | 9.9 |
| 宁 夏 | 12.6 | 12.3 | 12.2 | 4.6 | 4.2 |
| 新 疆 | 3.4 | 7.1 | 12.0 | 7.3 | 4.9 |

# 2-3 分地区发电装机容量(水电)

单位：万千瓦

| 地 区 | 2018年 | 2019年 | 2020年 | 2021年 | 2022年 |
|---|---|---|---|---|---|
| **全 国** | **35259** | **35804** | **37028** | **39094** | **41406** |
| 北 京 | 98 | 99 | 99 | 99 | 102 |
| 天 津 | 1 | 1 | 1 | 1 | 1 |
| 河 北 | 182 | 182 | 182 | 182 | 393 |
| 山 西 | 223 | 223 | 223 | 224 | 224 |
| 内蒙古 | 242 | 239 | 242 | 241 | 241 |
| 辽 宁 | 299 | 302 | 305 | 305 | 305 |
| 吉 林 | 385 | 445 | 510 | 619 | 646 |
| 黑龙江 | 104 | 108 | 109 | 169 | 230 |
| 上 海 | | | | | |
| 江 苏 | 265 | 265 | 265 | 265 | 265 |
| 浙 江 | 1161 | 1170 | 1171 | 1278 | 1384 |
| 安 徽 | 312 | 345 | 474 | 507 | 622 |
| 福 建 | 1322 | 1321 | 1331 | 1386 | 1538 |
| 江 西 | 627 | 661 | 660 | 677 | 686 |
| 山 东 | 108 | 108 | 108 | 168 | 228 |
| 河 南 | 401 | 408 | 408 | 407 | 439 |
| 湖 北 | 3675 | 3679 | 3757 | 3771 | 3780 |
| 湖 南 | 1598 | 1612 | 1581 | 1578 | 1587 |
| 广 东 | 1576 | 1576 | 1666 | 1736 | 1912 |
| 广 西 | 1677 | 1681 | 1759 | 1768 | 1832 |
| 海 南 | 154 | 154 | 151 | 153 | 153 |
| 重 庆 | 756 | 772 | 779 | 789 | 790 |
| 四 川 | 7824 | 7846 | 7892 | 8887 | 9746 |
| 贵 州 | 2212 | 2223 | 2281 | 2283 | 2282 |
| 云 南 | 6649 | 6873 | 7480 | 7823 | 8146 |
| 西 藏 | 160 | 170 | 210 | 291 | 292 |
| 陕 西 | 385 | 391 | 392 | 349 | 350 |
| 甘 肃 | 927 | 943 | 957 | 967 | 972 |
| 青 海 | 1192 | 1192 | 1193 | 1193 | 1261 |
| 宁 夏 | 43 | 43 | 43 | 43 | 43 |
| 新 疆 | 702 | 773 | 800 | 934 | 957 |

# 2-4 分地区发电装机容量增速(水电)

单位：%

| 地 区 | 2018年 | 2019年 | 2020年 | 2021年 | 2022年 |
|---|---|---|---|---|---|
| **全 国** | **2.5** | **1.5** | **3.4** | **5.6** | **5.9** |
| 北 京 | | 0.8 | | | 2.6 |
| 天 津 | | | | | 16.0 |
| 河 北 | | | 0.04 | -0.4 | 116.5 |
| 山 西 | -8.8 | | | 0.6 | 0.2 |
| 内蒙古 | | -1.4 | 1.4 | -0.4 | |
| 辽 宁 | 1.4 | 0.9 | 0.9 | 0.1 | -0.1 |
| 吉 林 | 1.2 | 15.4 | 14.8 | 21.3 | 4.2 |
| 黑龙江 | 0.9 | 3.8 | 1.1 | 54.9 | 36.0 |
| 上 海 | | | | | |
| 江 苏 | | | | 0.1 | 0.04 |
| 浙 江 | 0.1 | 0.8 | 0.1 | 9.2 | 8.2 |
| 安 徽 | 0.5 | 10.8 | 37.2 | 7.0 | 22.7 |
| 福 建 | 1.1 | -0.1 | 0.8 | 4.1 | 11.0 |
| 江 西 | 1.9 | 5.5 | -0.2 | 2.7 | 1.3 |
| 山 东 | 0.3 | | 0.1 | 54.9 | 35.8 |
| 河 南 | 0.5 | 1.7 | | -0.2 | 7.7 |
| 湖 北 | 0.1 | 0.1 | 2.1 | 0.4 | 0.2 |
| 湖 南 | 1.7 | 0.9 | -1.9 | -0.2 | 0.6 |
| 广 东 | 6.1 | | 5.7 | 4.2 | 10.1 |
| 广 西 | 0.4 | 0.3 | 4.6 | 0.5 | 3.6 |
| 海 南 | 35.7 | | -2.5 | 1.2 | 0.2 |
| 重 庆 | 2.7 | 2.2 | 0.9 | 1.3 | 0.1 |
| 四 川 | 1.4 | 0.3 | 0.6 | 12.6 | 9.7 |
| 贵 州 | 4.4 | 0.5 | 2.6 | 0.1 | -0.04 |
| 云 南 | 5.9 | 3.4 | 8.8 | 4.6 | 4.1 |
| 西 藏 | 1.1 | 6.2 | 23.9 | 38.5 | 0.1 |
| 陕 西 | 1.6 | 1.5 | 0.4 | -11.0 | 0.3 |
| 甘 肃 | 6.9 | 1.7 | 1.5 | 1.0 | 0.5 |
| 青 海 | 0.1 | | 0.0 | 0.03 | 5.7 |
| 宁 夏 | | | 0.1 | | |
| 新 疆 | | 10.2 | 3.5 | 16.7 | 2.4 |

# 2–5 分地区发电装机容量(火电)

单位：万千瓦

| 地 区 | 2018年 | 2019年 | 2020年 | 2021年 | 2022年 |
|---|---|---|---|---|---|
| **全 国** | **114408** | **118957** | **124960** | **129739** | **133329** |
| 北 京 | 1119 | 1135 | 1136 | 1137 | 1137 |
| 天 津 | 1529 | 1639 | 1668 | 1884 | 1896 |
| 河 北 | 4617 | 5021 | 5391 | 5424 | 5383 |
| 山 西 | 6628 | 6687 | 6878 | 7533 | 7842 |
| 内蒙古 | 8229 | 8721 | 9374 | 9834 | 10503 |
| 辽 宁 | 3383 | 3446 | 3643 | 3737 | 3835 |
| 吉 林 | 1892 | 1845 | 1852 | 1855 | 1855 |
| 黑龙江 | 2212 | 2253 | 2423 | 2531 | 2531 |
| 上 海 | 2365 | 2475 | 2450 | 2510 | 2528 |
| 江 苏 | 9749 | 10050 | 10079 | 10322 | 10437 |
| 浙 江 | 6209 | 6212 | 6358 | 6462 | 6534 |
| 安 徽 | 5413 | 5521 | 5561 | 5740 | 5853 |
| 福 建 | 3128 | 3172 | 3478 | 3596 | 3681 |
| 江 西 | 2165 | 2205 | 2455 | 2711 | 3026 |
| 山 东 | 10367 | 10713 | 11471 | 11599 | 11753 |
| 河 南 | 6821 | 7050 | 7068 | 7301 | 7272 |
| 湖 北 | 2884 | 3157 | 3316 | 3372 | 3563 |
| 湖 南 | 2284 | 2280 | 2269 | 2502 | 2588 |
| 广 东 | 8137 | 8628 | 9582 | 10256 | 10741 |
| 广 西 | 2288 | 2294 | 2344 | 2481 | 2757 |
| 海 南 | 465 | 465 | 546 | 598 | 750 |
| 重 庆 | 1537 | 1548 | 1545 | 1553 | 1644 |
| 四 川 | 1575 | 1570 | 1596 | 1825 | 1840 |
| 贵 州 | 3263 | 3410 | 3560 | 3572 | 3793 |
| 云 南 | 1508 | 1509 | 1517 | 1529 | 1534 |
| 西 藏 | 42 | 42 | 43 | 43 | 43 |
| 陕 西 | 3937 | 4380 | 4993 | 4952 | 5080 |
| 甘 肃 | 2064 | 2104 | 2308 | 2309 | 2313 |
| 青 海 | 379 | 393 | 393 | 393 | 393 |
| 宁 夏 | 2845 | 3219 | 3326 | 3333 | 3304 |
| 新 疆 | 5377 | 5813 | 6337 | 6845 | 6924 |

# 2-6 分地区发电装机容量增速(火电)

单位：%

| 地 区 | 2018年 | 2019年 | 2020年 | 2021年 | 2022年 |
|---|---|---|---|---|---|
| **全 国** | **3.1** | **4.0** | **4.8** | **3.8** | **2.8** |
| 北 京 | 3.8 | 1.5 | 0.1 | 0.1 | 0.04 |
| 天 津 | 9.0 | 7.2 | 1.8 | 12.9 | 0.6 |
| 河 北 | 0.9 | 8.7 | 7.4 | 0.6 | -0.8 |
| 山 西 | 4.1 | 0.9 | 2.8 | 9.5 | 4.1 |
| 内蒙古 | 0.7 | 6.0 | 7.5 | 4.9 | 6.8 |
| 辽 宁 | 6.0 | 1.9 | 5.7 | 2.6 | 2.6 |
| 吉 林 | 4.0 | -2.4 | 0.4 | 0.2 | -0.04 |
| 黑龙江 | 0.5 | 1.9 | 7.5 | 4.5 | -0.01 |
| 上 海 | 4.2 | 4.6 | -1.0 | 2.5 | 0.7 |
| 江 苏 | 3.4 | 3.1 | 0.3 | 2.4 | 1.1 |
| 浙 江 | 1.2 |  | 2.4 | 1.6 | 1.1 |
| 安 徽 | 7.1 | 2.0 | 0.7 | 3.2 | 2.0 |
| 福 建 | 1.8 | 1.4 | 9.6 | 3.4 | 2.4 |
| 江 西 | 12.0 | 1.9 | 11.3 | 10.4 | 11.6 |
| 山 东 | 0.3 | 3.3 | 3.9 | 1.1 | 1.3 |
| 河 南 | 4.2 | 3.4 | 0.3 | 3.3 | -0.4 |
| 湖 北 | 3.5 | 9.4 | 5.1 | 1.7 | 5.7 |
| 湖 南 | 0.7 | -0.2 | -0.5 | 10.3 | 3.4 |
| 广 东 | 4.7 | 6.0 | 11.1 | 7.0 | 4.7 |
| 广 西 | 3.2 | 0.3 | 2.2 | 5.8 | 11.1 |
| 海 南 |  |  | 17.3 | 9.6 | 25.3 |
| 重 庆 | -0.4 | 0.7 | -0.2 | 0.5 | 5.9 |
| 四 川 | -5.2 | -0.3 | 1.6 | 14.3 | 0.8 |
| 贵 州 | 3.2 | 4.5 | 4.4 | 0.3 | 6.2 |
| 云 南 | -6.5 |  | 0.6 | 0.8 | 0.3 |
| 西 藏 | 3.7 | 1.4 | 1.2 |  |  |
| 陕 西 | 7.6 | 11.3 | 14.0 | -0.8 | 2.6 |
| 甘 肃 | 0.2 | 2.0 | 9.7 | 0.0 | 0.2 |
| 青 海 | -5.0 | 3.5 | 0.0 | 0.1 | 0.01 |
| 宁 夏 | 10.1 | 13.2 | 3.3 | 0.2 | -0.9 |
| 新 疆 | 3.3 | 8.1 | 9.0 | 8.0 | 1.2 |

# 2-7 分地区发电装机容量(风电)

单位：万千瓦

| 地　区 | 2018年 | 2019年 | 2020年 | 2021年 | 2022年 |
|---|---|---|---|---|---|
| **全　国** | **18427** | **20915** | **28165** | **32871** | **36564** |
| 北　京 | 19 | 19 | 19 | 24 | 24 |
| 天　津 | 52 | 60 | 85 | 130 | 145 |
| 河　北 | 1391 | 1639 | 2274 | 2546 | 2797 |
| 山　西 | 1043 | 1251 | 1974 | 2123 | 2318 |
| 内蒙古 | 2868 | 2920 | 3786 | 3996 | 4568 |
| 辽　宁 | 761 | 832 | 981 | 1087 | 1173 |
| 吉　林 | 514 | 557 | 577 | 665 | 1143 |
| 黑龙江 | 598 | 611 | 686 | 835 | 943 |
| 上　海 | 71 | 81 | 82 | 107 | 107 |
| 江　苏 | 865 | 1041 | 1547 | 2234 | 2254 |
| 浙　江 | 148 | 160 | 186 | 364 | 423 |
| 安　徽 | 246 | 274 | 412 | 511 | 590 |
| 福　建 | 300 | 376 | 486 | 735 | 742 |
| 江　西 | 225 | 286 | 510 | 547 | 555 |
| 山　东 | 1146 | 1354 | 1795 | 1942 | 2302 |
| 河　南 | 468 | 794 | 1518 | 1850 | 1903 |
| 湖　北 | 331 | 405 | 502 | 720 | 778 |
| 湖　南 | 348 | 427 | 669 | 803 | 900 |
| 广　东 | 357 | 441 | 565 | 1195 | 1357 |
| 广　西 | 208 | 287 | 653 | 755 | 946 |
| 海　南 | 34 | 29 | 29 | 29 | 29 |
| 重　庆 | 50 | 64 | 97 | 169 | 182 |
| 四　川 | 253 | 325 | 426 | 527 | 598 |
| 贵　州 | 386 | 457 | 580 | 580 | 592 |
| 云　南 | 857 | 863 | 881 | 886 | 912 |
| 西　藏 | 1 | 1 | 1 | 3 | 3 |
| 陕　西 | 405 | 532 | 892 | 1021 | 1164 |
| 甘　肃 | 1282 | 1297 | 1373 | 1725 | 2073 |
| 青　海 | 267 | 462 | 843 | 896 | 972 |
| 宁　夏 | 1011 | 1116 | 1377 | 1455 | 1457 |
| 新　疆 | 1921 | 1956 | 2361 | 2408 | 2614 |

# 2-8 分地区发电装机容量增速(风电)

单位：%

| 地 区 | 2018年 | 2019年 | 2020年 | 2021年 | 2022年 |
|---|---|---|---|---|---|
| **全 国** | **12.4** | **13.5** | **34.7** | **16.7** | **11.2** |
| | | | | | |
| 北 京 | | -0.8 | | 26.5 | |
| 天 津 | 82.0 | 15.3 | 41.1 | 54.4 | 11.2 |
| 河 北 | 17.8 | 17.8 | 38.8 | 12.0 | 9.8 |
| 山 西 | 19.7 | 20.0 | 57.7 | 7.6 | 9.2 |
| 内蒙古 | 7.4 | 1.8 | 29.7 | 5.6 | 14.3 |
| | | | | | |
| 辽 宁 | 7.0 | 9.4 | 17.9 | 10.9 | 7.9 |
| 吉 林 | 1.8 | 8.5 | 3.5 | 15.2 | 71.9 |
| 黑龙江 | 4.9 | 2.1 | 12.3 | 21.7 | 13.0 |
| | | | | | |
| 上 海 | | 14.0 | 1.5 | 29.8 | |
| 江 苏 | 31.9 | 20.41 | 48.6 | 44.4 | 0.9 |
| 浙 江 | 11.6 | 7.8 | 16.0 | 96.3 | 16.2 |
| 安 徽 | 13.3 | 11.3 | 50.1 | 24.2 | 15.4 |
| 福 建 | 19.2 | 25.4 | 29.1 | 51.2 | 1.0 |
| 江 西 | 33.5 | 26.8 | 78.6 | 7.2 | 1.6 |
| 山 东 | 8.0 | 18.2 | 32.6 | 8.2 | 18.5 |
| | | | | | |
| 河 南 | 100.7 | 69.8 | 91.2 | 21.9 | 2.8 |
| 湖 北 | 31.0 | 22.4 | 23.8 | 43.4 | 8.1 |
| 湖 南 | 32.0 | 22.7 | 56.7 | 20.0 | 12.1 |
| 广 东 | 6.8 | 23.5 | 28.1 | 111.5 | 13.5 |
| 广 西 | 38.6 | 38.2 | 127.6 | 15.7 | 25.2 |
| 海 南 | | -14.2 | | | |
| | | | | | |
| 重 庆 | 51.6 | 27.2 | 52.2 | 74.3 | 7.7 |
| 四 川 | 20.1 | 28.4 | 31.2 | 23.8 | 13.4 |
| 贵 州 | 6.3 | 18.2 | 27.2 | | 2.0 |
| 云 南 | 3.9 | 0.6 | 2.1 | 0.6 | 3.0 |
| 西 藏 | | | | 293.3 | |
| | | | | | |
| 陕 西 | 11.4 | 31.2 | 67.7 | 14.5 | 14.0 |
| 甘 肃 | | 1.2 | 5.9 | 25.6 | 20.2 |
| 青 海 | 64.8 | 73.0 | 82.5 | 6.3 | 8.4 |
| 宁 夏 | 7.4 | 10.4 | 23.3 | 5.7 | 0.1 |
| 新 疆 | 4.6 | 1.8 | 20.7 | 2.0 | 8.6 |

# 2–9　分地区发电装机容量(太阳能发电)

单位：万千瓦

| 地　区 | 2018年 | 2019年 | 2020年 | 2021年 | 2022年 |
|---|---|---|---|---|---|
| **全　国** | **17433** | **20429** | **25356** | **30654** | **39268** |
| 北　京 | 40 | 51 | 62 | 80 | 95 |
| 天　津 | 128 | 143 | 164 | 178 | 221 |
| 河　北 | 1234 | 1474 | 2190 | 2921 | 3855 |
| 山　西 | 864 | 1088 | 1309 | 1458 | 1696 |
| 内蒙古 | 946 | 1051 | 1237 | 1412 | 1568 |
| 辽　宁 | 302 | 343 | 400 | 478 | 601 |
| 吉　林 | 265 | 274 | 338 | 346 | 387 |
| 黑龙江 | 215 | 274 | 318 | 420 | 475 |
| 上　海 | 89 | 109 | 137 | 168 | 195 |
| 江　苏 | 1332 | 1486 | 1684 | 1916 | 2508 |
| 浙　江 | 1138 | 1339 | 1517 | 1842 | 2539 |
| 安　徽 | 1118 | 1254 | 1370 | 1707 | 2154 |
| 福　建 | 148 | 169 | 202 | 277 | 465 |
| 江　西 | 536 | 630 | 776 | 911 | 1202 |
| 山　东 | 1361 | 1619 | 2272 | 3343 | 4270 |
| 河　南 | 991 | 1054 | 1175 | 1556 | 2333 |
| 湖　北 | 510 | 621 | 698 | 953 | 1316 |
| 湖　南 | 292 | 344 | 391 | 450 | 636 |
| 广　东 | 527 | 610 | 797 | 1020 | 1590 |
| 广　西 | 124 | 135 | 205 | 312 | 520 |
| 海　南 | 136 | 140 | 143 | 147 | 246 |
| 重　庆 | 43 | 65 | 67 | 63 | 69 |
| 四　川 | 181 | 188 | 191 | 196 | 206 |
| 贵　州 | 178 | 510 | 1057 | 1137 | 1420 |
| 云　南 | 326 | 375 | 388 | 397 | 585 |
| 西　藏 | 98 | 110 | 137 | 139 | 178 |
| 陕　西 | 716 | 939 | 1089 | 1314 | 1516 |
| 甘　肃 | 839 | 924 | 982 | 1146 | 1417 |
| 青　海 | 962 | 1122 | 1601 | 1632 | 1842 |
| 宁　夏 | 816 | 918 | 1197 | 1384 | 1584 |
| 新　疆 | 978 | 1072 | 1266 | 1354 | 1578 |

# 2-10 分地区发电装机容量增速(太阳能发电)

单位：%

| 地 区 | 2018年 | 2019年 | 2020年 | 2021年 | 2022年 |
|---|---|---|---|---|---|
| **全 国** | **33.7** | **17.2** | **24.1** | **20.9** | **28.1** |
| 北 京 | 59.8 | 28.3 | 20.5 | 30.2 | 19.0 |
| 天 津 | 88.4 | 11.8 | 14.5 | 8.7 | 24.1 |
| 河 北 | 42.1 | 19.5 | 48.6 | 33.4 | 32.0 |
| 山 西 | 46.4 | 25.9 | 20.3 | 11.4 | 16.3 |
| 内蒙古 | 27.4 | 11.1 | 17.7 | 14.2 | 11.0 |
| 辽 宁 | 35.7 | 13.6 | 16.4 | 19.5 | 25.8 |
| 吉 林 | 66.4 | 3.4 | 23.2 | 2.4 | 11.8 |
| 黑龙江 | 128.4 | 27.5 | 15.9 | 32.1 | 13.2 |
| 上 海 | 53.2 | 22.6 | 25.8 | 23.2 | 15.8 |
| 江 苏 | 46.8 | 11.5 | 13.4 | 13.8 | 30.9 |
| 浙 江 | 39.9 | 17.6 | 13.3 | 21.4 | 37.9 |
| 安 徽 | 25.9 | 12.2 | 9.2 | 24.6 | 26.2 |
| 福 建 | 60.1 | 14.2 | 19.7 | 36.9 | 67.8 |
| 江 西 | 19.3 | 17.4 | 23.2 | 17.4 | 32.0 |
| 山 东 | 29.36 | 19.0 | 40.3 | 47.1 | 27.7 |
| 河 南 | 40.87 | 6.4 | 11.5 | 32.4 | 50.0 |
| 湖 北 | 23.4 | 21.8 | 12.2 | 36.6 | 38.1 |
| 湖 南 | 66.4 | 17.6 | 13.6 | 15.1 | 41.4 |
| 广 东 | 59.0 | 15.7 | 30.7 | 28.0 | 55.9 |
| 广 西 | 58.7 | 9.1 | 51.3 | 52.4 | 66.5 |
| 海 南 | 212.4 | 2.9 | 2.4 | 2.4 | 67.7 |
| 重 庆 | 244.6 | 51.6 | 3.7 | -5.5 | 9.2 |
| 四 川 | 34.1 | 4.0 | 1.7 | 2.5 | 5.3 |
| 贵 州 | 31.5 | 187.0 | 107.3 | 7.6 | 24.9 |
| 云 南 | 36.9 | 15.0 | 3.5 | 2.3 | 47.4 |
| 西 藏 | 23.4 | 12.3 | 24.7 | 1.6 | 28.4 |
| 陕 西 | 33.9 | 31.2 | 16.0 | 20.6 | 15.4 |
| 甘 肃 | 6.8 | 10.0 | 6.3 | 16.7 | 23.7 |
| 青 海 | 21.6 | 16.6 | 42.7 | 1.9 | 12.9 |
| 宁 夏 | 31.6 | 12.5 | 30.4 | 15.6 | 14.4 |
| 新 疆 | 4.7 | 9.5 | 18.2 | 7.0 | 16.5 |

# 2-11 分地区发电量(合计)

单位：亿千瓦时

| 地 区 | 2017年 | 2018年 | 2019年 | 2020年 | 2021年 |
|---|---|---|---|---|---|
| **全 国** | **66045** | **71661** | **75034** | **77791** | **85343** |
| 北 京 | 397 | 451 | 464 | 457 | 473 |
| 天 津 | 638 | 725 | 733 | 772 | 800 |
| 河 北 | 2938 | 3229 | 3298 | 3425 | 3513 |
| 山 西 | 2861 | 3203 | 3362 | 3504 | 3926 |
| 内蒙古 | 4413 | 4961 | 5495 | 5811 | 6120 |
| 辽 宁 | 1844 | 1986 | 2073 | 2135 | 2258 |
| 吉 林 | 760 | 869 | 946 | 1019 | 1026 |
| 黑龙江 | 954 | 1047 | 1112 | 1138 | 1201 |
| 上 海 | 852 | 848 | 822 | 862 | 1003 |
| 江 苏 | 4924 | 5146 | 5166 | 5218 | 5969 |
| 浙 江 | 3336 | 3493 | 3538 | 3531 | 4222 |
| 安 徽 | 2478 | 2741 | 2887 | 2809 | 3083 |
| 福 建 | 2226 | 2479 | 2578 | 2651 | 2951 |
| 江 西 | 1160 | 1286 | 1376 | 1445 | 1563 |
| 山 东 | 5775 | 5920 | 5897 | 5806 | 6210 |
| 河 南 | 2747 | 3060 | 2888 | 2906 | 3039 |
| 湖 北 | 2631 | 2817 | 2958 | 3016 | 3292 |
| 湖 南 | 1438 | 1540 | 1559 | 1554 | 1742 |
| 广 东 | 4517 | 4716 | 5051 | 5226 | 6306 |
| 广 西 | 1468 | 1732 | 1846 | 1971 | 2082 |
| 海 南 | 305 | 325 | 346 | 346 | 391 |
| 重 庆 | 738 | 812 | 812 | 841 | 991 |
| 四 川 | 3452 | 3693 | 3924 | 4182 | 4530 |
| 贵 州 | 1932 | 2021 | 2207 | 2305 | 2368 |
| 云 南 | 2950 | 3242 | 3466 | 3674 | 3770 |
| 西 藏 | 59 | 69 | 86 | 89 | 113 |
| 陕 西 | 1846 | 1920 | 2193 | 2379 | 2740 |
| 甘 肃 | 1303 | 1540 | 1631 | 1762 | 1897 |
| 青 海 | 615 | 811 | 886 | 952 | 996 |
| 宁 夏 | 1406 | 1672 | 1766 | 1882 | 2083 |
| 新 疆 | 3037 | 3306 | 3670 | 4122 | 4684 |

注：分地区发电量数据来源于《中国能源统计年鉴》。

# 2-12 分地区发电量(水电)

单位：亿千瓦时

| 地 区 | 2017年 | 2018年 | 2019年 | 2020年 | 2021年 |
|---|---|---|---|---|---|
| **全 国** | **11978.70** | **12317.90** | **13044.40** | **13552.10** | **13390.00** |
| 北 京 | 11.25 | 9.91 | 10.19 | 11.46 | 13.66 |
| 天 津 | 0.07 | 0.15 | 0.12 | 0.10 | 0.21 |
| 河 北 | 15.56 | 10.54 | 16.44 | 15.17 | 24.00 |
| 山 西 | 42.46 | 43.18 | 49.07 | 46.76 | 38.54 |
| 内蒙古 | 20.11 | 36.49 | 58.07 | 57.35 | 49.02 |
| 辽 宁 | 30.31 | 33.57 | 43.58 | 56.55 | 78.42 |
| 吉 林 | 63.47 | 63.40 | 66.76 | 93.84 | 104.86 |
| 黑龙江 | 21.02 | 26.20 | 27.71 | 31.99 | 39.13 |
| 上 海 | | | | | |
| 江 苏 | 28.93 | 33.22 | 30.76 | 32.17 | 31.44 |
| 浙 江 | 204.06 | 180.02 | 256.58 | 209.09 | 237.68 |
| 安 徽 | 57.13 | 53.84 | 51.09 | 66.21 | 80.72 |
| 福 建 | 463.66 | 351.17 | 442.35 | 291.77 | 274.28 |
| 江 西 | 153.21 | 120.28 | 167.74 | 144.89 | 135.55 |
| 山 东 | 6.46 | 4.64 | 5.23 | 8.66 | 12.36 |
| 河 南 | 101.23 | 143.95 | 145.06 | 140.21 | 116.29 |
| 湖 北 | 1504.24 | 1465.49 | 1356.98 | 1647.22 | 1598.89 |
| 湖 南 | 594.92 | 535.75 | 543.97 | 573.66 | 537.59 |
| 广 东 | 319.21 | 255.65 | 391.01 | 285.42 | 224.41 |
| 广 西 | 686.72 | 699.43 | 593.41 | 614.47 | 517.36 |
| 海 南 | 26.37 | 25.51 | 17.27 | 16.68 | 18.07 |
| 重 庆 | 261.71 | 257.85 | 242.27 | 281.00 | 282.78 |
| 四 川 | 3023.56 | 3162.67 | 3316.01 | 3541.38 | 3724.46 |
| 贵 州 | 723.72 | 714.93 | 769.36 | 831.16 | 734.46 |
| 云 南 | 2489.67 | 2695.31 | 2855.85 | 2959.99 | 3028.16 |
| 西 藏 | 51.14 | 57.28 | 68.49 | 70.24 | 93.22 |
| 陕 西 | 140.15 | 137.01 | 154.98 | 128.11 | 141.35 |
| 甘 肃 | 350.58 | 411.37 | 496.12 | 506.81 | 451.80 |
| 青 海 | 328.14 | 517.90 | 554.04 | 599.00 | 504.94 |
| 宁 夏 | 15.45 | 19.76 | 21.87 | 22.50 | 20.72 |
| 新 疆 | 244.12 | 251.42 | 292.00 | 268.20 | 275.63 |

# 2-13 分地区发电量(火电)

单位：亿千瓦时

| 地 区 | 2017年 | 2018年 | 2019年 | 2020年 | 2021年 |
|---|---|---|---|---|---|
| **全 国** | **47546.00** | **50963.20** | **52201.50** | **53302.50** | **58058.70** |
| 北 京 | 379.70 | 434.33 | 445.71 | 436.09 | 448.68 |
| 天 津 | 626.81 | 708.49 | 706.60 | 741.04 | 761.85 |
| 河 北 | 2645.30 | 2809.74 | 2787.25 | 2831.73 | 2698.74 |
| 山 西 | 2607.22 | 2853.44 | 2960.80 | 3032.50 | 3229.00 |
| 内蒙古 | 3741.98 | 4164.48 | 4608.41 | 4841.20 | 4891.80 |
| 辽 宁 | 1415.04 | 1453.80 | 1476.74 | 1506.84 | 1496.78 |
| 吉 林 | 620.75 | 676.94 | 725.24 | 750.21 | 730.69 |
| 黑龙江 | 821.13 | 876.20 | 911.73 | 921.77 | 748.66 |
| 上 海 | 836.13 | 823.75 | 797.45 | 832.98 | 969.37 |
| 江 苏 | 4536.90 | 4578.08 | 4468.81 | 4433.91 | 4841.31 |
| 浙 江 | 2560.25 | 2595.26 | 2500.95 | 2442.63 | 3048.54 |
| 安 徽 | 2319.56 | 2533.74 | 2663.97 | 2555.84 | 2741.26 |
| 福 建 | 1132.44 | 1398.71 | 1411.24 | 1565.31 | 1722.42 |
| 江 西 | 949.00 | 1073.43 | 1100.96 | 1167.39 | 1243.82 |
| 山 东 | 5546.69 | 5524.79 | 5292.91 | 5141.56 | 5281.04 |
| 河 南 | 2581.06 | 2774.96 | 2553.50 | 2515.14 | 2458.77 |
| 湖 北 | 1047.14 | 1238.39 | 1469.94 | 1222.23 | 1476.01 |
| 湖 南 | 787.67 | 923.42 | 914.60 | 851.87 | 1016.70 |
| 广 东 | 3327.59 | 3467.52 | 3433.89 | 3603.12 | 4638.57 |
| 广 西 | 626.83 | 820.61 | 1006.51 | 1064.89 | 1194.62 |
| 海 南 | 195.34 | 211.23 | 212.46 | 213.06 | 254.39 |
| 重 庆 | 467.58 | 543.42 | 554.93 | 541.49 | 681.21 |
| 四 川 | 374.28 | 453.47 | 508.47 | 527.65 | 666.79 |
| 贵 州 | 1136.51 | 1221.96 | 1339.53 | 1332.11 | 1446.58 |
| 云 南 | 240.34 | 291.89 | 316.31 | 414.58 | 455.46 |
| 西 藏 | 1.62 | 2.93 | 3.88 | 4.12 | 3.48 |
| 陕 西 | 1613.54 | 1639.69 | 1860.45 | 2037.87 | 2281.76 |
| 甘 肃 | 694.45 | 803.44 | 787.82 | 875.95 | 1006.78 |
| 青 海 | 161.24 | 124.36 | 107.37 | 104.54 | 150.01 |
| 宁 夏 | 1167.14 | 1367.77 | 1443.87 | 1529.99 | 1597.68 |
| 新 疆 | 2384.74 | 2572.95 | 2829.19 | 3262.87 | 3675.91 |

# 2-14 分地区发电量(风电)

单位：亿千瓦时

| 地 区 | 2017年 | 2018年 | 2019年 | 2020年 | 2021年 |
|---|---|---|---|---|---|
| **全 国** | **2972.30** | **3659.70** | **4060.30** | **4664.70** | **6561.00** |
| 北 京 | 3.47 | 3.49 | 3.41 | 3.74 | 4.01 |
| 天 津 | 5.87 | 8.06 | 10.83 | 11.64 | 17.69 |
| 河 北 | 249.59 | 282.64 | 317.66 | 367.62 | 511.36 |
| 山 西 | 164.32 | 212.13 | 224.30 | 265.66 | 469.11 |
| 内蒙古 | 544.97 | 630.99 | 665.80 | 726.29 | 967.21 |
| 辽 宁 | 151.65 | 165.09 | 183.09 | 193.86 | 227.22 |
| 吉 林 | 65.92 | 104.82 | 114.62 | 129.56 | 137.94 |
| 黑龙江 | 108.49 | 124.63 | 139.95 | 141.41 | 161.55 |
| 上 海 | 14.99 | 17.73 | 16.91 | 18.93 | 18.34 |
| 江 苏 | 120.36 | 172.53 | 183.89 | 229.02 | 415.66 |
| 浙 江 | 26.15 | 30.59 | 32.61 | 36.43 | 48.96 |
| 安 徽 | 39.58 | 50.09 | 46.96 | 56.76 | 106.91 |
| 福 建 | 65.93 | 72.30 | 87.27 | 122.27 | 151.87 |
| 江 西 | 31.41 | 41.18 | 51.30 | 70.70 | 103.59 |
| 山 东 | 164.24 | 213.55 | 224.99 | 259.24 | 409.39 |
| 河 南 | 26.21 | 56.89 | 87.99 | 138.53 | 328.32 |
| 湖 北 | 54.79 | 64.40 | 73.83 | 81.81 | 134.33 |
| 湖 南 | 49.00 | 60.35 | 74.98 | 98.93 | 149.64 |
| 广 东 | 57.34 | 63.14 | 71.00 | 102.94 | 136.51 |
| 广 西 | 24.25 | 41.99 | 61.33 | 106.23 | 160.62 |
| 海 南 | 5.36 | 5.14 | 4.75 | 5.74 | 5.04 |
| 重 庆 | 7.67 | 8.26 | 11.02 | 13.87 | 22.61 |
| 四 川 | 38.46 | 54.65 | 71.25 | 86.22 | 109.43 |
| 贵 州 | 64.51 | 68.41 | 78.05 | 96.84 | 104.77 |
| 云 南 | 191.70 | 220.00 | 245.29 | 249.86 | 235.48 |
| 西 藏 |  | 0.14 | 0.16 | 0.14 | 0.14 |
| 陕 西 | 51.92 | 72.22 | 83.62 | 94.90 | 175.93 |
| 甘 肃 | 185.42 | 230.06 | 228.11 | 246.25 | 288.44 |
| 青 海 | 17.42 | 37.57 | 66.49 | 81.50 | 130.03 |
| 宁 夏 | 149.76 | 186.83 | 185.55 | 194.20 | 281.16 |
| 新 疆 | 291.53 | 359.84 | 413.30 | 433.65 | 547.75 |

# 2-15 分地区发电量(太阳能发电)

单位：亿千瓦时

| 地 区 | 2017年 | 2018年 | 2019年 | 2020年 | 2021年 |
|---|---|---|---|---|---|
| **全 国** | **1066.80** | **1776.90** | **2244.60** | **2608.80** | **3257.60** |
| 北 京 | 2.25 | 3.06 | 4.77 | 6.19 | 6.23 |
| 天 津 | 4.94 | 8.08 | 15.43 | 18.83 | 19.98 |
| 河 北 | 73.01 | 126.47 | 176.31 | 210.56 | 279.32 |
| 山 西 | 47.25 | 94.05 | 127.50 | 158.63 | 189.50 |
| 内蒙古 | 106.22 | 129.20 | 162.80 | 186.13 | 211.90 |
| 辽 宁 | 11.02 | 31.91 | 42.23 | 50.99 | 55.09 |
| 吉 林 | 9.64 | 24.23 | 39.76 | 45.22 | 52.26 |
| 黑龙江 | 3.80 | 20.27 | 32.44 | 42.68 | 51.20 |
| 上 海 | 0.56 | 6.06 | 7.77 | 9.83 | 15.35 |
| 江 苏 | 64.55 | 119.80 | 154.07 | 166.83 | 195.32 |
| 浙 江 | 35.34 | 100.31 | 118.99 | 131.01 | 154.57 |
| 安 徽 | 61.26 | 103.63 | 124.66 | 130.16 | 154.50 |
| 福 建 | 3.91 | 13.60 | 15.94 | 19.21 | 25.04 |
| 江 西 | 26.72 | 51.53 | 55.90 | 61.73 | 80.31 |
| 山 东 | 56.54 | 136.83 | 166.90 | 206.45 | 310.45 |
| 河 南 | 38.02 | 83.78 | 101.75 | 112.24 | 135.69 |
| 湖 北 | 24.34 | 48.89 | 56.76 | 64.57 | 83.14 |
| 湖 南 | 6.03 | 20.49 | 25.87 | 29.97 | 37.93 |
| 广 东 | 13.41 | 37.57 | 53.40 | 73.65 | 102.64 |
| 广 西 | 3.29 | 9.26 | 13.49 | 16.92 | 28.08 |
| 海 南 | 2.87 | 6.31 | 14.00 | 14.43 | 16.10 |
| 重 庆 | 0.61 | 2.09 | 3.33 | 4.16 | 4.83 |
| 四 川 | 16.11 | 22.42 | 28.15 | 27.02 | 29.65 |
| 贵 州 | 7.47 | 15.76 | 19.60 | 45.34 | 82.59 |
| 云 南 | 27.76 | 35.08 | 48.18 | 50.01 | 51.14 |
| 西 藏 | 4.76 | 8.36 | 12.77 | 14.22 | 15.93 |
| 陕 西 | 40.63 | 71.28 | 94.15 | 118.53 | 140.73 |
| 甘 肃 | 72.15 | 95.02 | 118.44 | 133.34 | 149.80 |
| 青 海 | 108.42 | 131.07 | 158.24 | 166.90 | 210.73 |
| 宁 夏 | 73.67 | 97.31 | 114.69 | 135.67 | 183.33 |
| 新 疆 | 116.85 | 121.47 | 136.00 | 157.15 | 184.26 |

# 2-16 分地区6000千瓦及以上电厂发电装机容量(合计)

单位：万千瓦

| 地 区 | 2018年 | 2019年 | 2020年 | 2021年 | 2022年 |
|---|---|---|---|---|---|
| **全 国** | **181753** | **191499** | **209406** | **223634** | **237946** |
| 北 京 | 1242 | 1259 | 1261 | 1266 | 1272 |
| 天 津 | 1686 | 1816 | 1884 | 2151 | 2157 |
| 河 北 | 7027 | 7784 | 9272 | 9792 | 10575 |
| 山 西 | 8555 | 8997 | 10081 | 10959 | 11633 |
| 内蒙古 | 12264 | 12837 | 14569 | 15403 | 16811 |
| 辽 宁 | 5116 | 5280 | 5666 | 6011 | 6387 |
| 吉 林 | 2986 | 3044 | 3189 | 3394 | 3936 |
| 黑龙江 | 3046 | 3157 | 3441 | 3839 | 4041 |
| 上 海 | 2447 | 2568 | 2558 | 2649 | 2666 |
| 江 苏 | 12079 | 12595 | 13336 | 14438 | 14634 |
| 浙 江 | 8564 | 8635 | 8846 | 9359 | 9658 |
| 安 徽 | 6623 | 6899 | 7221 | 7647 | 8203 |
| 福 建 | 5281 | 5404 | 5840 | 6396 | 6776 |
| 江 西 | 3112 | 3317 | 3912 | 4295 | 4790 |
| 山 东 | 12422 | 13144 | 14427 | 15000 | 15870 |
| 河 南 | 8271 | 8833 | 9577 | 10163 | 10230 |
| 湖 北 | 7106 | 7541 | 7941 | 8458 | 8982 |
| 湖 南 | 4040 | 4160 | 4413 | 4814 | 5143 |
| 广 东 | 11266 | 12134 | 13415 | 14829 | 16004 |
| 广 西 | 4279 | 4407 | 4957 | 5302 | 6009 |
| 海 南 | 878 | 877 | 958 | 1012 | 1237 |
| 重 庆 | 2255 | 2315 | 2349 | 2427 | 2537 |
| 四 川 | 9365 | 9442 | 9630 | 10961 | 11925 |
| 贵 州 | 5754 | 6314 | 7137 | 7226 | 7730 |
| 云 南 | 9113 | 9341 | 9987 | 10350 | 10887 |
| 西 藏 | 300 | 322 | 389 | 460 | 527 |
| 陕 西 | 5317 | 6002 | 7094 | 7379 | 7810 |
| 甘 肃 | 4926 | 5046 | 5385 | 5914 | 6628 |
| 青 海 | 2760 | 3147 | 3992 | 4076 | 4468 |
| 宁 夏 | 4696 | 5271 | 5917 | 6186 | 6381 |
| 新 疆 | 8978 | 9614 | 10763 | 11474 | 12039 |

# 2-17 分地区6000千瓦及以上电厂发电装机容量增速(合计)

单位：%

| 地 区 | 2018年 | 2019年 | 2020年 | 2021年 | 2022年 |
|---|---|---|---|---|---|
| **全 国** | **6.1** | **5.4** | **9.2** | **6.8** | **6.4** |
| 北 京 | 3.7 | 1.3 | 0.2 | 0.4 | 0.5 |
| 天 津 | 13.7 | 7.7 | 3.8 | 14.2 | 0.3 |
| 河 北 | 6.9 | 10.8 | 19.1 | 5.6 | 8.0 |
| 山 西 | 7.0 | 5.2 | 12.1 | 8.7 | 6.1 |
| 内蒙古 | 3.8 | 4.7 | 13.5 | 5.7 | 9.1 |
| 辽 宁 | 6.1 | 3.2 | 7.3 | 6.1 | 6.3 |
| 吉 林 | 6.5 | 2.0 | 4.8 | 6.4 | 16.0 |
| 黑龙江 | 3.7 | 3.6 | 9.0 | 11.6 | 5.3 |
| 上 海 | 4.2 | 5.0 | -0.4 | 3.6 | 0.7 |
| 江 苏 | 8.7 | 4.3 | 5.9 | 8.3 | 1.4 |
| 浙 江 | 4.8 | 0.8 | 2.4 | 5.8 | 3.2 |
| 安 徽 | 8.6 | 4.2 | 4.7 | 5.9 | 7.3 |
| 福 建 | 2.3 | 2.3 | 8.1 | 9.5 | 5.9 |
| 江 西 | 11.3 | 6.6 | 17.9 | 9.8 | 11.5 |
| 山 东 | 2.5 | 5.8 | 7.7 | 4.0 | 5.8 |
| 河 南 | 7.6 | 6.8 | 8.4 | 6.1 | 0.7 |
| 湖 北 | 3.1 | 6.1 | 5.3 | 6.5 | 6.2 |
| 湖 南 | 4.1 | 3.0 | 6.1 | 9.1 | 6.8 |
| 广 东 | 8.8 | 7.7 | 10.6 | 10.5 | 7.9 |
| 广 西 | 4.0 | 3.0 | 12.5 | 7.0 | 13.3 |
| 海 南 | 17.8 | -0.1 | 9.3 | 5.7 | 22.2 |
| 重 庆 | 2.1 | 2.6 | 1.5 | 3.3 | 4.5 |
| 四 川 | 1.1 | 0.8 | 2.0 | 13.8 | 8.8 |
| 贵 州 | 3.9 | 9.7 | 13.0 | 1.3 | 7.0 |
| 云 南 | 6.6 | 2.5 | 6.9 | 3.6 | 5.2 |
| 西 藏 | 8.4 | 7.4 | 21.0 | 18.3 | 14.6 |
| 陕 西 | 29.7 | 12.9 | 18.2 | 4.0 | 5.8 |
| 甘 肃 | 1.3 | 2.4 | 6.7 | 9.8 | 12.1 |
| 青 海 | 10.7 | 14.0 | 26.8 | 2.1 | 9.6 |
| 宁 夏 | 12.4 | 12.2 | 12.3 | 4.5 | 3.1 |
| 新 疆 | 3.4 | 7.1 | 12.0 | 6.6 | 4.9 |

# 2-18 分地区6000千瓦及以上电厂发电装机容量(水电)

单位：万千瓦

| 地 区 | 2018年 | 2019年 | 2020年 | 2021年 | 2022年 |
|---|---|---|---|---|---|
| **全 国** | **31861** | **32344** | **33572** | **35618** | **38034** |
| 北 京 | 98 | 98 | 98 | 98 | 101 |
| 天 津 | | | | | |
| 河 北 | 165 | 165 | 165 | 163 | 377 |
| 山 西 | 214 | 214 | 214 | 215 | 215 |
| 内蒙古 | 238 | 238 | 238 | 238 | 238 |
| 辽 宁 | 283 | 285 | 288 | 288 | 288 |
| 吉 林 | 357 | 416 | 478 | 587 | 622 |
| 黑龙江 | 97 | 100 | 101 | 161 | 222 |
| 上 海 | | | | | |
| 江 苏 | 260 | 260 | 260 | 260 | 260 |
| 浙 江 | 943 | 947 | 950 | 1056 | 1161 |
| 安 徽 | 243 | 274 | 393 | 425 | 544 |
| 福 建 | 926 | 927 | 937 | 1009 | 1168 |
| 江 西 | 419 | 449 | 454 | 469 | 471 |
| 山 东 | 102 | 102 | 102 | 162 | 222 |
| 河 南 | 391 | 398 | 398 | 398 | 428 |
| 湖 北 | 3563 | 3567 | 3644 | 3658 | 3665 |
| 湖 南 | 1264 | 1276 | 1244 | 1247 | 1261 |
| 广 东 | 1079 | 1079 | 1167 | 1237 | 1413 |
| 广 西 | 1503 | 1532 | 1607 | 1615 | 1660 |
| 海 南 | 125 | 125 | 125 | 127 | 127 |
| 重 庆 | 635 | 652 | 654 | 657 | 663 |
| 四 川 | 7395 | 7391 | 7453 | 8455 | 9353 |
| 贵 州 | 1927 | 1938 | 1996 | 1998 | 1997 |
| 云 南 | 6448 | 6649 | 7271 | 7615 | 7944 |
| 西 藏 | 156 | 166 | 206 | 277 | 276 |
| 陕 西 | 325 | 294 | 296 | 278 | 303 |
| 甘 肃 | 790 | 792 | 796 | 806 | 865 |
| 青 海 | 1169 | 1192 | 1193 | 1193 | 1240 |
| 宁 夏 | 42 | 42 | 42 | 42 | 42 |
| 新 疆 | 702 | 773 | 800 | 884 | 907 |

# 2-19 分地区6000千瓦及以上电厂发电装机容量增速(水电)

单位：%

| 地 区 | 2018年 | 2019年 | 2020年 | 2021年 | 2022年 |
|---|---|---|---|---|---|
| **全 国** | **2.5** | **1.5** | **3.8** | **6.1** | **6.8** |
| 北 京 | | | | | 3.1 |
| 天 津 | | | | | |
| 河 北 | | | | -1.2 | 130.9 |
| 山 西 | -9.1 | | | 0.6 | -0.02 |
| 内蒙古 | | | | | |
| 辽 宁 | 1.5 | 0.9 | 0.9 | | |
| 吉 林 | 1.3 | 16.5 | 14.7 | 22.8 | 6.0 |
| 黑龙江 | 0.7 | 3.0 | 1.0 | 59.2 | 37.8 |
| 上 海 | | | | | |
| 江 苏 | | | | | |
| 浙 江 | 0.2 | 0.5 | 0.3 | 11.1 | 10.0 |
| 安 徽 | 0.5 | 13.0 | 43.3 | 8.0 | 28.1 |
| 福 建 | 1.0 | 0.1 | 1.1 | 7.7 | 15.7 |
| 江 西 | 1.8 | 7.1 | 1.1 | 3.4 | 0.4 |
| 山 东 | | | | 59.1 | 37.2 |
| 河 南 | 0.6 | 1.8 | | -0.1 | 7.6 |
| 湖 北 | 0.1 | 0.1 | 2.2 | 0.4 | 0.2 |
| 湖 南 | 1.3 | 1.0 | -2.6 | 0.2 | 1.2 |
| 广 东 | 9.1 | | 8.2 | 6.0 | 14.2 |
| 广 西 | 0.4 | 1.9 | 4.9 | 0.5 | 2.8 |
| 海 南 | 48.2 | | | 1.5 | 0.3 |
| 重 庆 | 1.4 | 2.7 | 0.4 | 0.4 | 0.9 |
| 四 川 | 1.4 | -0.1 | 0.8 | 13.4 | 10.6 |
| 贵 州 | 2.5 | 0.6 | 3.0 | 0.1 | -0.1 |
| 云 南 | 6.0 | 3.1 | 9.4 | 4.7 | 4.3 |
| 西 藏 | 1.0 | 6.1 | 24.1 | 34.5 | -0.5 |
| 陕 西 | 20.7 | -9.4 | 0.5 | -5.9 | 8.9 |
| 甘 肃 | 5.3 | 0.3 | 0.5 | 1.2 | 7.2 |
| 青 海 | 0.1 | 2.0 | | 0.03 | 3.9 |
| 宁 夏 | | | | | |
| 新 疆 | | 10.2 | 3.5 | 10.4 | 2.7 |

# 2-20 分地区6000千瓦及以上电厂发电装机容量(火电)

单位：万千瓦

| 地 区 | 2018年 | 2019年 | 2020年 | 2021年 | 2022年 |
|---|---|---|---|---|---|
| **全 国** | **114100** | **118642** | **124586** | **129345** | **132911** |
| 北 京 | 1118 | 1134 | 1136 | 1136 | 1136 |
| 天 津 | 1527 | 1637 | 1666 | 1882 | 1894 |
| 河 北 | 4609 | 5012 | 5382 | 5415 | 5373 |
| 山 西 | 6612 | 6669 | 6860 | 7515 | 7827 |
| 内蒙古 | 8225 | 8718 | 9370 | 9828 | 10496 |
| 辽 宁 | 3378 | 3440 | 3638 | 3732 | 3830 |
| 吉 林 | 1889 | 1843 | 1850 | 1853 | 1853 |
| 黑龙江 | 2207 | 2248 | 2416 | 2524 | 2524 |
| 上 海 | 2363 | 2472 | 2447 | 2507 | 2523 |
| 江 苏 | 9732 | 10034 | 10062 | 10304 | 10418 |
| 浙 江 | 6190 | 6192 | 6339 | 6442 | 6513 |
| 安 徽 | 5391 | 5492 | 5529 | 5707 | 5836 |
| 福 建 | 3116 | 3158 | 3470 | 3588 | 3673 |
| 江 西 | 2158 | 2199 | 2448 | 2704 | 3018 |
| 山 东 | 10341 | 10687 | 11445 | 11571 | 11735 |
| 河 南 | 6810 | 7038 | 7057 | 7289 | 7258 |
| 湖 北 | 2874 | 3144 | 3304 | 3357 | 3548 |
| 湖 南 | 2268 | 2265 | 2253 | 2488 | 2575 |
| 广 东 | 8128 | 8617 | 9576 | 10248 | 10728 |
| 广 西 | 2252 | 2261 | 2309 | 2446 | 2723 |
| 海 南 | 464 | 464 | 545 | 598 | 749 |
| 重 庆 | 1532 | 1542 | 1539 | 1548 | 1638 |
| 四 川 | 1541 | 1548 | 1572 | 1800 | 1790 |
| 贵 州 | 3263 | 3410 | 3504 | 3511 | 3721 |
| 云 南 | 1481 | 1480 | 1485 | 1500 | 1506 |
| 西 藏 | 41 | 41 | 42 | 42 | 42 |
| 陕 西 | 3928 | 4370 | 4980 | 4939 | 5069 |
| 甘 肃 | 2064 | 2104 | 2308 | 2309 | 2313 |
| 青 海 | 379 | 392 | 392 | 392 | 379 |
| 宁 夏 | 2844 | 3218 | 3325 | 3331 | 3302 |
| 新 疆 | 5377 | 5813 | 6337 | 6840 | 6922 |

# 2-21 分地区6000千瓦及以上电厂发电装机容量增速(火电)

单位：%

| 地 区 | 2018年 | 2019年 | 2020年 | 2021年 | 2022年 |
|---|---|---|---|---|---|
| **全 国** | **3.7** | **4.0** | **4.7** | **3.8** | **2.8** |
| 北 京 | 3.9 | 1.5 | 0.1 | 0.1 | |
| 天 津 | 9.0 | 7.2 | 1.8 | 12.9 | 0.6 |
| 河 北 | 0.9 | 8.8 | 7.4 | 0.6 | -0.8 |
| 山 西 | 4.1 | 0.9 | 2.9 | 9.5 | 4.1 |
| 内蒙古 | 0.8 | 6.0 | 7.5 | 4.9 | 6.8 |
| 辽 宁 | 6.0 | 1.8 | 5.8 | 2.6 | 2.6 |
| 吉 林 | 4.0 | -2.5 | 0.4 | 0.2 | -0.01 |
| 黑龙江 | 0.5 | 1.9 | 7.5 | 4.5 | -0.01 |
| 上 海 | 4.1 | 4.6 | -1.0 | 2.4 | 0.7 |
| 江 苏 | 3.4 | 3.1 | 0.3 | 2.4 | 1.1 |
| 浙 江 | 1.2 | | 2.4 | 1.6 | 1.1 |
| 安 徽 | 7.1 | 1.9 | 0.7 | 3.2 | 2.2 |
| 福 建 | 1.7 | 1.4 | 9.9 | 3.4 | 2.4 |
| 江 西 | 11.9 | 1.9 | 11.3 | 10.5 | 11.6 |
| 山 东 | 0.3 | 3.3 | 3.9 | 1.1 | 1.4 |
| 河 南 | 4.2 | 3.4 | 0.3 | 3.3 | -0.4 |
| 湖 北 | 3.5 | 9.4 | 5.1 | 1.6 | 5.7 |
| 湖 南 | 0.6 | -0.1 | -0.5 | 10.4 | 3.5 |
| 广 东 | 4.8 | 6.0 | 11.1 | 7.0 | 4.7 |
| 广 西 | 3.3 | 0.4 | 2.1 | 5.9 | 11.3 |
| 海 南 | | | 17.5 | 9.6 | 25.4 |
| 重 庆 | -0.5 | 0.6 | -0.2 | 0.6 | 5.9 |
| 四 川 | -5.5 | 0.4 | 1.6 | 14.5 | -0.6 |
| 贵 州 | 3.2 | 4.5 | 2.8 | 0.2 | 6.0 |
| 云 南 | 6.0 | -0.1 | 0.4 | 1.0 | 0.4 |
| 西 藏 | 3.8 | 1.5 | 1.5 | | |
| 陕 西 | 25.2 | 11.3 | 14.0 | -0.8 | 2.6 |
| 甘 肃 | 0.2 | 2.0 | 9.7 | 0.03 | 0.2 |
| 青 海 | 0.2 | 3.6 | | | -3.4 |
| 宁 夏 | 10.1 | 13.2 | 3.3 | 0.2 | -0.9 |
| 新 疆 | 3.3 | 8.1 | 9.0 | 8.0 | 1.2 |

# 2-22 分地区6000千瓦及以上电厂发电装机容量(风电)

单位：万千瓦

| 地 区 | 2018年 | 2019年 | 2020年 | 2021年 | 2022年 |
|---|---|---|---|---|---|
| **全 国** | **18423** | **20905** | **28154** | **32837** | **36518** |
| 北 京 | 19 | 18 | 18 | 23 | 23 |
| 天 津 | 52 | 59 | 84 | 130 | 140 |
| 河 北 | 1391 | 1639 | 2274 | 2546 | 2797 |
| 山 西 | 1043 | 1251 | 1974 | 2123 | 2318 |
| 内蒙古 | 2868 | 2918 | 3785 | 3993 | 4564 |
| 辽 宁 | 760 | 831 | 979 | 1081 | 1166 |
| 吉 林 | 514 | 557 | 577 | 665 | 1141 |
| 黑龙江 | 598 | 611 | 686 | 820 | 925 |
| 上 海 | 71 | 81 | 82 | 107 | 107 |
| 江 苏 | 864 | 1039 | 1545 | 2232 | 2252 |
| 浙 江 | 148 | 159 | 185 | 364 | 423 |
| 安 徽 | 246 | 274 | 412 | 511 | 590 |
| 福 建 | 300 | 376 | 486 | 735 | 742 |
| 江 西 | 225 | 286 | 510 | 547 | 555 |
| 山 东 | 1146 | 1354 | 1795 | 1942 | 2302 |
| 河 南 | 468 | 794 | 1518 | 1850 | 1903 |
| 湖 北 | 331 | 405 | 502 | 720 | 778 |
| 湖 南 | 348 | 424 | 669 | 803 | 900 |
| 广 东 | 357 | 441 | 563 | 1194 | 1355 |
| 广 西 | 208 | 287 | 653 | 755 | 946 |
| 海 南 | 34 | 29 | 29 | 29 | 29 |
| 重 庆 | 50 | 63 | 96 | 168 | 181 |
| 四 川 | 253 | 325 | 426 | 527 | 598 |
| 贵 州 | 386 | 457 | 580 | 580 | 592 |
| 云 南 | 857 | 862 | 881 | 886 | 912 |
| 西 藏 | 1 | 1 | 1 | 1 | 3 |
| 陕 西 | 405 | 531 | 892 | 1021 | 1164 |
| 甘 肃 | 1282 | 1297 | 1373 | 1725 | 2073 |
| 青 海 | 267 | 462 | 843 | 896 | 971 |
| 宁 夏 | 1011 | 1116 | 1377 | 1455 | 1457 |
| 新 疆 | 1921 | 1956 | 2361 | 2407 | 2613 |

# 2-23 分地区6000千瓦及以上电厂发电装机容量增速(风电)

单位：%

| 地 区 | 2018年 | 2019年 | 2020年 | 2021年 | 2022年 |
|---|---|---|---|---|---|
| **全 国** | **10.7** | **12.9** | **13.5** | **34.7** | **11.2** |
| 北 京 | | | -0.8 | | |
| 天 津 | | 83.3 | 15.4 | 41.4 | 8.3 |
| 河 北 | 3.8 | 17.8 | 17.8 | 38.8 | 9.8 |
| 山 西 | 13.1 | 19.7 | 20.0 | 57.7 | 9.2 |
| 内蒙古 | 4.5 | 7.4 | 1.8 | 29.7 | 14.3 |
| 辽 宁 | 2.3 | 7.1 | 9.3 | 17.8 | 7.9 |
| 吉 林 | | 1.8 | 8.5 | 3.5 | 71.6 |
| 黑龙江 | 1.7 | 4.9 | 2.1 | 12.3 | 12.7 |
| 上 海 | | | 14.0 | 1.5 | |
| 江 苏 | 16.8 | 31.8 | 20.3 | 48.7 | 0.9 |
| 浙 江 | 11.8 | 11.7 | 7.8 | 16.0 | 16.3 |
| 安 徽 | 23.1 | 13.3 | 11.3 | 50.1 | 15.4 |
| 福 建 | 17.6 | 19.2 | 25.4 | 29.1 | 1.0 |
| 江 西 | 56.8 | 33.5 | 26.8 | 78.6 | 1.6 |
| 山 东 | 26.5 | 8.0 | 18.2 | 32.6 | 18.5 |
| 河 南 | 124.0 | 100.7 | 69.8 | 91.2 | 2.8 |
| 湖 北 | 25.8 | 31.0 | 22.4 | 23.8 | 8.1 |
| 湖 南 | 21.6 | 32.1 | 21.9 | 57.8 | 12.1 |
| 广 东 | 24.8 | 6.8 | 23.5 | 27.6 | 13.5 |
| 广 西 | 115.3 | 38.6 | 38.2 | 127.6 | 25.2 |
| 海 南 | 7.2 | | -14.2 | | |
| 重 庆 | 17.8 | 51.9 | 27.3 | 51.5 | 7.7 |
| 四 川 | 68.8 | 20.1 | 28.4 | 31.2 | 13.4 |
| 贵 州 | 0.5 | 6.3 | 18.2 | 27.2 | 2.0 |
| 云 南 | 11.9 | 3.9 | 0.6 | 2.1 | 3.0 |
| 西 藏 | | | | | 293.3 |
| 陕 西 | 61.5 | 40.5 | 31.2 | 67.8 | 14.0 |
| 甘 肃 | 0.4 | | 1.2 | 5.9 | 20.2 |
| 青 海 | 136.3 | 64.8 | 72.9 | 82.6 | 8.4 |
| 宁 夏 | | 7.4 | 10.4 | 23.3 | 0.1 |
| 新 疆 | 3.4 | 4.6 | 1.8 | 20.7 | 8.6 |

# 2-24 分地区6000千瓦及以上电厂发电装机容量(太阳能发电)

单位：万千瓦

| 地 区 | 2018年 | 2019年 | 2020年 | 2021年 | 2022年 |
|---|---|---|---|---|---|
| **全 国** | **12885** | **14709** | **18065** | **20416** | **24299** |
| 北 京 | 8 | 8 | 8 | 8 | 8 |
| 天 津 | 108 | 119 | 134 | 140 | 123 |
| 河 北 | 859 | 965 | 1447 | 1664 | 1999 |
| 山 西 | 686 | 862 | 1033 | 1106 | 1261 |
| 内蒙古 | 933 | 962 | 1176 | 1341 | 1478 |
| 辽 宁 | 248 | 276 | 313 | 354 | 423 |
| 吉 林 | 226 | 228 | 285 | 290 | 321 |
| 黑龙江 | 144 | 198 | 238 | 333 | 370 |
| 上 海 | 13 | 15 | 28 | 35 | 36 |
| 江 苏 | 776 | 815 | 898 | 959 | 1013 |
| 浙 江 | 376 | 428 | 462 | 587 | 631 |
| 安 徽 | 743 | 859 | 887 | 1003 | 1233 |
| 福 建 | 67 | 72 | 72 | 75 | 89 |
| 江 西 | 309 | 383 | 500 | 575 | 724 |
| 山 东 | 708 | 751 | 836 | 1044 | 1213 |
| 河 南 | 602 | 602 | 604 | 626 | 629 |
| 湖 北 | 338 | 425 | 491 | 722 | 990 |
| 湖 南 | 160 | 188 | 242 | 265 | 344 |
| 广 东 | 370 | 382 | 495 | 536 | 895 |
| 广 西 | 99 | 110 | 170 | 267 | 458 |
| 海 南 | 125 | 129 | 129 | 129 | 202 |
| 重 庆 | 38 | 58 | 60 | 54 | 54 |
| 四 川 | 175 | 179 | 179 | 179 | 183 |
| 贵 州 | 178 | 510 | 1057 | 1137 | 1420 |
| 云 南 | 326 | 350 | 350 | 350 | 525 |
| 西 藏 | 98 | 110 | 137 | 137 | 178 |
| 陕 西 | 659 | 806 | 926 | 1141 | 1274 |
| 甘 肃 | 790 | 852 | 908 | 1069 | 1343 |
| 青 海 | 946 | 1102 | 1565 | 1595 | 1828 |
| 宁 夏 | 799 | 895 | 1173 | 1358 | 1492 |
| 新 疆 | 978 | 1072 | 1266 | 1338 | 1563 |

# 2-25 分地区6000千瓦及以上电厂发电装机容量增速(太阳能发电)

单位：%

| 地 区 | 2018年 | 2019年 | 2020年 | 2021年 | 2022年 |
|---|---|---|---|---|---|
| **全 国** | **25.4** | **14.2** | **23.3** | **13.0** | **19.0** |
| 北 京 | 47.1 | | 12.0 | | |
| 天 津 | 97.0 | 10.0 | 12.9 | 4.1 | -12.1 |
| 河 北 | 29.8 | 12.3 | 49.9 | 15.0 | 20.2 |
| 山 西 | 28.6 | 25.6 | 19.8 | 7.1 | 14.1 |
| 内蒙古 | 26.1 | 3.1 | 22.2 | 14.0 | 10.2 |
| 辽 宁 | 24.1 | 11.5 | 13.3 | 13.0 | 19.5 |
| 吉 林 | 74.2 | 0.8 | 25.0 | 1.8 | 10.7 |
| 黑龙江 | 97.8 | 37.5 | 20.2 | 39.9 | 11.2 |
| 上 海 | 87.4 | 16.3 | 88.3 | 25.3 | 1.9 |
| 江 苏 | 35.9 | 5.0 | 10.1 | 6.9 | 5.7 |
| 浙 江 | 14.6 | 13.9 | 7.9 | 27.3 | 7.4 |
| 安 徽 | 22.1 | 15.6 | 3.2 | 13.1 | 22.8 |
| 福 建 | 13.3 | 6.1 | 0.6 | 3.9 | 19.6 |
| 江 西 | 7.7 | 23.9 | 30.5 | 15.1 | 25.9 |
| 山 东 | 10.6 | 6.1 | 20.4 | 24.9 | 16.2 |
| 河 南 | 13.1 | | 0.3 | 3.6 | 0.5 |
| 湖 北 | 12.2 | 25.8 | 15.6 | 47.1 | 37.0 |
| 湖 南 | 40.7 | 18.1 | 28.2 | 9.7 | 29.8 |
| 广 东 | 61.6 | 3.2 | 29.5 | 8.3 | 67.1 |
| 广 西 | 44.3 | 11.4 | 54.0 | 57.5 | 71.3 |
| 海 南 | 282.0 | 3.2 | | | 56.3 |
| 重 庆 | 267.4 | 50.7 | 2.9 | -9.2 | |
| 四 川 | 32.5 | 2.3 | | | 2.3 |
| 贵 州 | 31.5 | 187.0 | 107.3 | 7.6 | 24.9 |
| 云 南 | 36.9 | 7.3 | | | 50.0 |
| 西 藏 | 23.4 | 12.3 | 24.7 | | 30.2 |
| 陕 西 | 62.4 | 22.3 | 14.9 | 23.1 | 11.7 |
| 甘 肃 | 2.8 | 7.9 | 6.5 | 17.8 | 25.7 |
| 青 海 | 20.4 | 16.5 | 42.1 | 1.9 | 14.6 |
| 宁 夏 | 30.6 | 11.9 | 31.1 | 15.7 | 9.8 |
| 新 疆 | 4.7 | 9.5 | 18.2 | 5.7 | 16.8 |

# 2-26 分布式太阳能发电情况

| 地 区 | 装机容量(万千瓦) | | | 发电量(亿千瓦时) | | |
|---|---|---|---|---|---|---|
| | 2020年 | 2021年 | 2022年 | 2020年 | 2021年 | 2022年 |
| **全 国** | **7827** | **10745** | **15840** | **679** | **925** | **1437** |
| 北 京 | 56 | 75 | 90 | 5 | 5 | 8 |
| 天 津 | 45 | 59 | 99 | 4 | 4 | 7 |
| 河 北 | 747 | 1263 | 1861 | 70 | 114 | 201 |
| 山 西 | 280 | 356 | 439 | 31 | 40 | 52 |
| 内蒙古 | 88 | 102 | 121 | 13 | 15 | 17 |
| 辽 宁 | 118 | 160 | 219 | 12 | 14 | 24 |
| 吉 林 | 76 | 80 | 92 | 9 | 10 | 12 |
| 黑龙江 | 83 | 83 | 108 | 10 | 10 | 13 |
| 上 海 | 117 | 144 | 171 | 9 | 12 | 15 |
| 江 苏 | 788 | 975 | 1555 | 61 | 77 | 131 |
| 浙 江 | 1067 | 1265 | 1926 | 88 | 103 | 148 |
| 安 徽 | 544 | 760 | 1090 | 45 | 52 | 80 |
| 福 建 | 164 | 238 | 426 | 15 | 20 | 34 |
| 江 西 | 299 | 359 | 512 | 26 | 30 | 38 |
| 山 东 | 1467 | 2334 | 3094 | 117 | 202 | 328 |
| 河 南 | 571 | 930 | 1704 | 49 | 72 | 140 |
| 湖 北 | 212 | 240 | 340 | 19 | 20 | 26 |
| 湖 南 | 200 | 231 | 350 | 14 | 17 | 25 |
| 广 东 | 385 | 512 | 837 | 32 | 50 | 67 |
| 广 西 | 40 | 54 | 83 | 3 | 4 | 6 |
| 海 南 | 16 | 19 | 46 | 1 | 1 | 2 |
| 重 庆 | 7 | 9 | 15 | 0.4 | 1 | 1 |
| 四 川 | 22 | 27 | 33 | 2 | 2 | 3 |
| 贵 州 | 19 | 19 | 24 | 1 | 1 | 1 |
| 云 南 | 38 | 47 | 60 | 3 | 4 | 4 |
| 西 藏 | | 2 | 2 | | 0.2 | 0.2 |
| 陕 西 | 194 | 211 | 323 | 16 | 20 | 25 |
| 甘 肃 | 74 | 77 | 86 | 9 | 9 | 10 |
| 青 海 | 17 | 16 | 16 | 2 | 2 | 2 |
| 宁 夏 | 75 | 81 | 92 | 10 | 10 | 12 |
| 新 疆 | 16 | 17 | 27 | 2 | 2 | 2 |

# 2-27 分地区单机6000千瓦及以上

| 地 区 | 2018年 | | 2019年 | |
|---|---|---|---|---|
| | 台 | 容量 | 台 | 容量 |
| **全 国** | **4894** | **29830** | **5099** | **30788** |
| 北 京 | 14 | 92 | 14 | 98 |
| 天 津 | | | | |
| 河 北 | 20 | 156 | 20 | 156 |
| 山 西 | 19 | 212 | 20 | 213 |
| 内蒙古 | 16 | 236 | 12 | 212 |
| 辽 宁 | 43 | 273 | 44 | 275 |
| 吉 林 | 48 | 343 | 50 | 402 |
| 黑龙江 | 36 | 89 | 36 | 89 |
| 上 海 | | | | |
| 江 苏 | 12 | 260 | 12 | 260 |
| 浙 江 | 175 | 882 | 182 | 887 |
| 安 徽 | 45 | 230 | 51 | 267 |
| 福 建 | 278 | 831 | 280 | 833 |
| 江 西 | 56 | 302 | 148 | 449 |
| 山 东 | 4 | 100 | 4 | 100 |
| 河 南 | 34 | 380 | 37 | 387 |
| 湖 北 | 267 | 3448 | 268 | 3449 |
| 湖 南 | 334 | 1275 | 339 | 1298 |
| 广 东 | 203 | 671 | 217 | 818 |
| 广 西 | 231 | 1320 | 251 | 1334 |
| 海 南 | 20 | 114 | 20 | 114 |
| 重 庆 | 170 | 657 | 173 | 613 |
| 四 川 | 1039 | 7267 | 1029 | 7262 |
| 贵 州 | 173 | 1957 | 174 | 1962 |
| 云 南 | 936 | 5830 | 981 | 6364 |
| 西 藏 | 28 | 63 | 41 | 85 |
| 陕 西 | 95 | 240 | 98 | 249 |
| 甘 肃 | 271 | 752 | 272 | 787 |
| 青 海 | 109 | 1138 | 106 | 1132 |
| 宁 夏 | 13 | 42 | 13 | 42 |
| 新 疆 | 205 | 671 | 207 | 654 |

# 水力发电机组分类情况(合计)

单位：台，万千瓦

| 2020年 | | 2021年 | | 2022年 | |
|---|---|---|---|---|---|
| 台 | 容量 | 台 | 容量 | 台 | 容量 |
| **5158** | **32137** | **5269** | **34431** | **5388** | **38151** |
| | | | | 14 | 97.7 |
| 14 | 98 | 14 | 98 | | |
| | | | | 24 | 365 |
| 19 | 155 | 20 | 158 | 22 | 215 |
| 20 | 213 | 22 | 223 | 15 | 234 |
| 15 | 234 | 13 | 234 | 47 | 278 |
| | | | | 61 | 606 |
| 47 | 278 | 47 | 278 | 40 | 209 |
| 53 | 462 | 60 | 571 | | |
| 36 | 89 | 38 | 149 | 12 | 260 |
| | | | | 187 | 1098 |
| | | | | 63 | 510 |
| 12 | 260 | 12 | 260 | 293 | 982 |
| 186 | 894 | 184 | 992 | 151 | 431 |
| 58 | 389 | 62 | 400 | 8 | 220 |
| 278 | 839 | 287 | 910 | 37 | 430 |
| 139 | 414 | 145 | 425 | 290 | 3549 |
| 5 | 101 | 6 | 160 | 325 | 1127 |
| | | | | 232 | 1258 |
| 37 | 387 | 36 | 395 | 282 | 1500 |
| 273 | 3534 | 278 | 3533 | 21 | 115 |
| 336 | 1206 | 323 | 1124 | 176 | 630 |
| 225 | 1061 | 225 | 1018 | 1102 | 9674 |
| 252 | 1419 | 272 | 1451 | 208 | 1986 |
| 20 | 114 | 22 | 115 | 1002 | 9011 |
| | | | | 43 | 155 |
| 172 | 624 | 172 | 623 | 87 | 271 |
| 1034 | 7321 | 1071 | 8326 | 290 | 815 |
| 188 | 1974 | 208 | 2331 | 106 | 1225 |
| 990 | 7047 | 983 | 7362 | 13 | 42 |
| 41 | 85 | 43 | 155 | 237 | 858 |
| | | | | | |
| 90 | 241 | 84 | 242 | 84 | 242 |
| 271 | 755 | 275 | 765 | 275 | 765 |
| 99 | 1156 | 107 | 1227 | 107 | 1227 |
| 13 | 42 | 14 | 44 | 14 | 44 |
| 235 | 747 | 246 | 862 | 246 | 862 |

# 2-28 分地区单机6000千瓦及以上

| 地区 | 2018年 | | 2019年 | |
|---|---|---|---|---|
| | 台 | 容量 | 台 | 容量 |
| **全国** | **135** | **9048** | **139** | **9368** |
| 北京 | | | | |
| 天津 | | | | |
| 河北 | | | | |
| 山西 | | | | |
| 内蒙古 | | | | |
| 辽宁 | | | | |
| 吉林 | | | | |
| 黑龙江 | | | | |
| 上海 | | | | |
| 江苏 | | | | |
| 浙江 | | | | |
| 安徽 | | | | |
| 福建 | | | | |
| 江西 | | | | |
| 山东 | | | | |
| 河南 | | | | |
| 湖北 | 32 | 2240 | 32 | 2240 |
| 湖南 | | | | |
| 广东 | | | | |
| 广西 | 7 | 490 | 7 | 490 |
| 海南 | | | | |
| 重庆 | | | | |
| 四川 | 49 | 3190 | 49 | 3190 |
| 贵州 | 5 | 300 | 5 | 300 |
| 云南 | 37 | 2478 | 41 | 2798 |
| 西藏 | | | | |
| 陕西 | | | | |
| 甘肃 | | | | |
| 青海 | 5 | 350 | 5 | 350 |
| 宁夏 | | | | |
| 新疆 | | | | |

# 水力发电机组分类情况(60万千瓦及以上)

单位：台，万千瓦

| 2020年 | | 2021年 | | 2022年 | |
|---|---|---|---|---|---|
| 台 | 容量 | 台 | 容量 | 台 | 容量 |
| **147** | **10048** | **164** | **11665** | **178** | **13724** |
| | | 1 | 60 | | |
| 32 | 2240 | 32 | 2240 | 32 | 2240 |
| 7 | 490 | 8 | 550 | 7 | 490 |
| 49 | 3190 | 55 | 3790 | 65 | 4790 |
| 5 | 300 | 3 | 645 | 5 | 300 |
| 49 | 3478 | 53 | 3818 | 62 | 5418 |
| | | 1 | 66 | 1 | 66 |
| 5 | 350 | 6 | 420 | 6 | 420 |
| | | 1 | 76 | | |

# 2-29 分地区单机6000千瓦及以上

| 地区 | 2018年 | | 2019年 | |
|---|---|---|---|---|
| | 台 | 容量 | 台 | 容量 |
| **全国** | **146** | **5017** | **150** | **5140** |
| 北京 | | | | |
| 天津 | | | | |
| 河北 | | | | |
| 山西 | 4 | 120 | 4 | 120 |
| 内蒙古 | 4 | 120 | 4 | 120 |
| 辽宁 | 4 | 120 | 4 | 120 |
| 吉林 | 5 | 150 | 5 | 150 |
| 黑龙江 | | | | |
| 上海 | | | | |
| 江苏 | | | | |
| 浙江 | 14 | 450 | 14 | 450 |
| 安徽 | | | 1 | 30 |
| 福建 | 4 | 120 | 4 | 120 |
| 江西 | 4 | 120 | 4 | 120 |
| 山东 | | | | |
| 河南 | 10 | 300 | 10 | 300 |
| 湖北 | 12 | 425 | 12 | 425 |
| 湖南 | 4 | 120 | 4 | 120 |
| 广东 | 5 | 158 | 8 | 248 |
| 广西 | 6 | 181 | 5 | 151 |
| 海南 | | | | |
| 重庆 | 5 | 175 | 5 | 175 |
| 四川 | 12 | 560 | 12 | 560 |
| 贵州 | 5 | 162 | 5 | 162 |
| 云南 | 30 | 1131 | 30 | 1131 |
| 西藏 | | | | |
| 陕西 | | | | |
| 甘肃 | 1 | 32 | 2 | 65 |
| 青海 | 16 | 540 | 16 | 540 |
| 宁夏 | | | | |
| 新疆 | 1 | 33 | 1 | 33 |

# 水力发电机组分类情况(30至不足60万千瓦)

单位：台，万千瓦

| 2020年 | | 2021年 | | 2022年 | |
|---|---|---|---|---|---|
| 台 | 容量 | 台 | 容量 | 台 | 容量 |
| **163** | **5533** | **177** | **6060** | **217** | **7367** |
| | | | | | |
| | | | | | |
| | | | | | |
| | | | | 7 | 210 |
| 4 | 120 | 4 | 120 | 4 | 120 |
| 4 | 120 | 4 | 120 | 4 | 120 |
| | | | | | |
| 4 | 120 | 4 | 120 | 4 | 120 |
| 5 | 150 | 8 | 255 | 9 | 290 |
| | | 2 | 60 | 4 | 120 |
| | | | | | |
| | | | | | |
| | | | | | |
| 14 | 450 | 17 | 555 | 20 | 660 |
| 5 | 150 | 5 | 150 | 9 | 270 |
| 4 | 120 | 4 | 120 | 8 | 240 |
| 4 | 120 | 4 | 120 | 4 | 120 |
| | | 2 | 60 | 4 | 120 |
| | | | | | |
| 10 | 300 | 10 | 300 | 11 | 330 |
| 12 | 425 | 12 | 425 | 12 | 425 |
| 4 | 120 | 4 | 120 | 4 | 120 |
| 16 | 488 | 16 | 488 | 23 | 728 |
| 6 | 181 | 6 | 181 | 6 | 181 |
| | | | | | |
| | | | | | |
| 5 | 175 | 5 | 175 | 5 | 175 |
| 12 | 560 | 18 | 835 | 26 | 1130 |
| 5 | 162 | 4 | 120 | 4 | 120 |
| 30 | 1131 | 30 | 1131 | 30 | 1131 |
| | | | | | |
| | | | | | |
| | | | | 1 | 32 |
| 1 | 32 | 1 | 32 | 1 | 32 |
| 17 | 576 | 16 | 540 | 16 | 540 |
| | | | | | |
| 1 | 33 | 1 | 33 | 1 | 33 |

# 2-30 分地区单机6000千瓦及以上

| 地 区 | 2018年 | | 2019年 | |
|---|---|---|---|---|
| | 台 | 容量 | 台 | 容量 |
| **全 国** | **148** | **3460** | **157** | **3663** |
| 北 京 | 4 | 80 | 4 | 80 |
| 天 津 | | | | |
| 河 北 | 4 | 100 | 4 | 100 |
| 山 西 | | | | |
| 内蒙古 | 2 | 47 | 1 | 25 |
| 辽 宁 | | | | |
| 吉 林 | | | 3 | 60 |
| 黑龙江 | | | | |
| 上 海 | | | | |
| 江 苏 | 10 | 250 | 10 | 250 |
| 浙 江 | 3 | 60 | 3 | 60 |
| 安 徽 | 4 | 100 | 4 | 100 |
| 福 建 | 7 | 140 | 7 | 140 |
| 江 西 | | | | |
| 山 东 | 4 | 100 | 4 | 100 |
| 河 南 | | | | |
| 湖 北 | 2 | 50 | 2 | 50 |
| 湖 南 | 18 | 410 | 18 | 410 |
| 广 东 | 8 | 192 | 10 | 237 |
| 广 西 | | | | |
| 海 南 | 3 | 60 | 3 | 60 |
| 重 庆 | | | | |
| 四 川 | 10 | 240 | 11 | 261 |
| 贵 州 | 39 | 934 | 39 | 934 |
| 云 南 | 20 | 467 | 24 | 566 |
| 西 藏 | | | | |
| 陕 西 | 4 | 80 | 4 | 80 |
| 甘 肃 | 5 | 127 | 5 | 127 |
| 青 海 | | | | |
| 宁 夏 | | | | |
| 新 疆 | 1 | 23 | 1 | 23 |

# 水力发电机组分类情况(20至不足30万千瓦)

单位：台，万千瓦

| 2020年 | | 2021年 | | 2022年 | |
|---|---|---|---|---|---|
| 台 | 容量 | 台 | 容量 | 台 | 容量 |
| **158** | **3676** | **155** | **3613** | **161** | **3742** |
| 4 | 80 | 4 | 80 | 4 | 80 |
| 4 | 100 | 4 | 100 | 4 | 100 |
| 1 | 25 | 2 | 47 | 1 | 25 |
| 6 | 120 | 6 | 120 | 6 | 120 |
| 10 | 250 | 10 | 250 | 10 | 250 |
| 3 | 60 | 3 | 60 | 3 | 60 |
| 4 | 100 | 4 | 100 | 4 | 100 |
| 7 | 149 | 7 | 152 | 7 | 155 |
| 4 | 100 | 4 | 100 | 4 | 100 |
| 4 | 96 | 4 | 95 | 4 | 95 |
| 13 | 290 | 13 | 290 | 13 | 290 |
| 10 | 240 | 8 | 192 | 8 | 192 |
| 3 | 60 | | | 5 | 100 |
| 3 | 60 | 3 | 60 | 3 | 60 |
| 10 | 240 | 11 | 260 | 11 | 261 |
| 37 | 886 | 37 | 886 | 37 | 886 |
| 24 | 566 | 24 | 566 | 24 | 566 |
| 4 | 80 | 4 | 80 | 4 | 80 |
| 5 | 127 | 5 | 127 | 6 | 150 |
| 2 | 48 | 2 | 48 | 3 | 72 |

# 2–31 分地区单机6000千瓦及以上

| 地 区 | 2018年 | | 2019年 | |
|---|---|---|---|---|
| | 台 | 容量 | 台 | 容量 |
| **全 国** | **265** | **3547** | **265** | **3555** |
| 北 京 | | | | |
| 天 津 | | | | |
| 河 北 | 1 | 15 | 1 | 15 |
| 山 西 | 5 | 74 | 5 | 74 |
| 内蒙古 | 3 | 54 | 3 | 54 |
| 辽 宁 | 2 | 20 | 2 | 20 |
| 吉 林 | 8 | 106 | 8 | 106 |
| 黑龙江 | 4 | 55 | 4 | 55 |
| 上 海 | | | | |
| 江 苏 | | | | |
| 浙 江 | 1 | 12 | 1 | 12 |
| 安 徽 | 4 | 60 | 4 | 60 |
| 福 建 | 11 | 145 | 11 | 145 |
| 江 西 | 7 | 77 | 7 | 77 |
| 山 东 | | | | |
| 河 南 | | | | |
| 湖 北 | 29 | 396 | 29 | 396 |
| 湖 南 | 14 | 164 | 14 | 164 |
| 广 东 | 2 | 20 | 2 | 20 |
| 广 西 | 16 | 211 | 16 | 211 |
| 海 南 | | | | |
| 重 庆 | 16 | 209 | 13 | 167 |
| 四 川 | 77 | 1088 | 74 | 1053 |
| 贵 州 | 19 | 284 | 19 | 284 |
| 云 南 | 28 | 346 | 34 | 430 |
| 西 藏 | | | | |
| 陕 西 | | | | |
| 甘 肃 | 8 | 91 | 8 | 91 |
| 青 海 | 3 | 36 | 3 | 36 |
| 宁 夏 | | | | |
| 新 疆 | 7 | 86 | 7 | 86 |

# 水力发电机组分类情况(10至不足20万千瓦)

单位：台，万千瓦

| 2020年 | | 2021年 | | 2022年 | |
|---|---|---|---|---|---|
| 台 | 容量 | 台 | 容量 | 台 | 容量 |
| **275** | **3673** | **271** | **3623** | **279** | **3739** |
| | | | | | |
| | | | | | |
| | | | | | |
| 1 | 15 | 1 | 15 | 1 | 15 |
| 5 | 74 | 5 | 74 | 5 | 74 |
| 5 | 74 | 3 | 54 | 5 | 74 |
| | | | | | |
| 2 | 20 | 2 | 20 | 2 | 20 |
| 8 | 106 | 8 | 106 | 8 | 106 |
| 4 | 55 | 4 | 55 | 4 | 55 |
| | | | | | |
| | | | | | |
| | | | | | |
| 1 | 12 | 1 | 12 | 1 | 12 |
| 4 | 60 | 4 | 60 | 4 | 60 |
| 11 | 145 | 11 | 145 | 11 | 145 |
| 7 | 77 | 7 | 77 | 7 | 77 |
| | | | | | |
| | | | | | |
| | | | | 1 | 12 |
| 30 | 406 | 29 | 396 | 29 | 396 |
| 17 | 206 | 11 | 122 | 11 | 123 |
| 2 | 20 | 2 | 20 | 2 | 20 |
| 16 | 211 | 16 | 211 | 16 | 211 |
| | | | | | |
| | | | | | |
| 13 | 167 | 13 | 167 | 13 | 167 |
| 76 | 1078 | 79 | 1120 | 79 | 1120 |
| 22 | 312 | 22 | 312 | 22 | 312 |
| 34 | 430 | 34 | 430 | 35 | 440 |
| | | | | | |
| | | | | | |
| | | | | | |
| 8 | 91 | 8 | 91 | 8 | 93 |
| 2 | 30 | 3 | 36 | 3 | 36 |
| | | | | | |
| 7 | 86 | 8 | 102 | 12 | 172 |

# 2–32 分地区单机6000千瓦及以上

| 地区 | 2018年 | | 2019年 | |
|---|---|---|---|---|
| | 台 | 容量 | 台 | 容量 |
| **全国** | **387** | **2528** | **398** | **2591** |
| 北京 | | | 1 | 7 |
| 天津 | | | | |
| 河北 | 3 | 27 | 3 | 27 |
| 山西 | | | | |
| 内蒙古 | 1 | 9 | 1 | 9 |
| 辽宁 | 8 | 63 | 8 | 63 |
| 吉林 | 9 | 56 | 9 | 56 |
| 黑龙江 | | | | |
| 上海 | | | | |
| 江苏 | 2 | 10 | 2 | 10 |
| 浙江 | 29 | 192 | 29 | 192 |
| 安徽 | 3 | 16 | 3 | 16 |
| 福建 | 13 | 83 | 13 | 83 |
| 江西 | | | 1 | 6 |
| 山东 | | | | |
| 河南 | 9 | 53 | 9 | 53 |
| 湖北 | 11 | 83 | 11 | 83 |
| 湖南 | 17 | 112 | 18 | 118 |
| 广东 | 5 | 39 | 5 | 39 |
| 广西 | 13 | 76 | 16 | 99 |
| 海南 | 5 | 32 | 5 | 32 |
| 重庆 | 11 | 70 | 10 | 63 |
| 四川 | 119 | 768 | 126 | 809 |
| 贵州 | 14 | 98 | 15 | 103 |
| 云南 | 57 | 382 | 59 | 392 |
| 西藏 | | | | |
| 陕西 | 5 | 28 | 5 | 28 |
| 甘肃 | 13 | 80 | 13 | 82 |
| 青海 | 4 | 31 | 4 | 31 |
| 宁夏 | | | | |
| 新疆 | 36 | 222 | 32 | 192 |

# 水力发电机组分类情况(5至不足10万千瓦)

单位：台，万千瓦

| 2020年 | | 2021年 | | 2022年 | |
|---|---|---|---|---|---|
| 台 | 容量 | 台 | 容量 | 台 | 容量 |
| **419** | **2708** | **436** | **2829** | **440** | **2866** |
| 1 | 7 | 1 | 7 | 1 | 7 |
| | | | | | |
| 3 | 27 | 3 | 27 | 3 | 27 |
| | | 1 | 5 | | |
| 1 | 9 | 1 | 9 | 1 | 9 |
| | | | | | |
| 8 | 63 | 8 | 63 | 8 | 63 |
| 9 | 56 | 9 | 56 | 9 | 56 |
| | | | | | |
| | | | | | |
| | | | | | |
| 2 | 10 | 2 | 10 | 2 | 10 |
| 29 | 192 | 29 | 192 | 29 | 192 |
| 4 | 21 | 5 | 30 | 4 | 21 |
| 13 | 83 | 13 | 83 | 13 | 83 |
| | | | | | |
| | | | | | |
| | | | | | |
| 9 | 53 | 11 | 64 | 9 | 52 |
| 11 | 83 | 11 | 83 | 11 | 83 |
| 18 | 107 | 18 | 116 | 18 | 117 |
| 5 | 39 | 5 | 39 | 5 | 39 |
| 16 | 99 | 16 | 99 | 17 | 105 |
| 5 | 32 | 5 | 32 | 5 | 32 |
| | | | | | |
| 13 | 81 | 13 | 81 | 13 | 81 |
| 134 | 855 | 142 | 900 | 147 | 939 |
| 16 | 108 | 19 | 137 | 19 | 137 |
| 59 | 392 | 56 | 376 | 59 | 397 |
| | | | | | |
| | | | | | |
| 5 | 28 | 7 | 38 | 7 | 38 |
| 13 | 83 | 13 | 85 | 14 | 93 |
| 6 | 43 | 7 | 49 | 7 | 49 |
| | | | | | |
| 39 | 239 | 41 | 251 | 39 | 239 |

# 2-33 分地区单机6000千瓦及以上

| 地 区 | 2018年 | | 2019年 | |
|---|---|---|---|---|
| | 台 | 容量 | 台 | 容量 |
| **全 国** | **3813** | **6230** | **3990** | **6471** |
| 北 京 | 10 | 12 | 9 | 11 |
| 天 津 | | | | |
| 河 北 | 12 | 14 | 12 | 14 |
| 山 西 | 10 | 18 | 11 | 19 |
| 内蒙古 | 6 | 6 | 3 | 4 |
| 辽 宁 | 29 | 70 | 30 | 72 |
| 吉 林 | 26 | 31 | 25 | 30 |
| 黑龙江 | 32 | 34 | 32 | 34 |
| 上 海 | | | | |
| 江 苏 | | | | |
| 浙 江 | 128 | 168 | 135 | 174 |
| 安 徽 | 34 | 54 | 39 | 61 |
| 福 建 | 243 | 343 | 245 | 345 |
| 江 西 | 45 | 104 | 136 | 246 |
| 山 东 | | | | |
| 河 南 | 15 | 27 | 18 | 34 |
| 湖 北 | 181 | 254 | 182 | 255 |
| 湖 南 | 281 | 470 | 285 | 486 |
| 广 东 | 183 | 262 | 192 | 275 |
| 广 西 | 189 | 362 | 207 | 383 |
| 海 南 | 12 | 21 | 12 | 21 |
| 重 庆 | 138 | 203 | 145 | 208 |
| 四 川 | 772 | 1422 | 757 | 1389 |
| 贵 州 | 91 | 179 | 91 | 179 |
| 云 南 | 764 | 1026 | 793 | 1047 |
| 西 藏 | 28 | 63 | 41 | 85 |
| 陕 西 | 86 | 132 | 89 | 141 |
| 甘 肃 | 244 | 422 | 244 | 422 |
| 青 海 | 81 | 181 | 78 | 176 |
| 宁 夏 | 13 | 42 | 13 | 42 |
| 新 疆 | 160 | 307 | 166 | 320 |

# 水力发电机组分类情况(不足5万千瓦)

单位：台，万千瓦

| 2020年 | | 2021年 | | 2022年 | |
|---|---|---|---|---|---|
| 台 | 容量 | 台 | 容量 | 台 | 容量 |
| **3996** | **6499** | **4066** | **6641** | **4113** | **6714** |
| | | | | | |
| 9 | 11 | 9 | 11 | 9 | 11 |
| | | | | | |
| 11 | 13 | 12 | 16 | 9 | 13 |
| 11 | 19 | 12 | 24 | 13 | 21 |
| 4 | 6 | 3 | 4 | 4 | 6 |
| | | | | | |
| 33 | 76 | 33 | 76 | 33 | 76 |
| 25 | 30 | 29 | 34 | 29 | 34 |
| 32 | 34 | 32 | 34 | 32 | 34 |
| | | | | | |
| | | | | | |
| | | | | | |
| 139 | 181 | 134 | 174 | 134 | 175 |
| 41 | 58 | 44 | 60 | 42 | 59 |
| 243 | 342 | 251 | 350 | 254 | 359 |
| 128 | 217 | 134 | 228 | 140 | 234 |
| 1 | 1 | | | | |
| | | | | | |
| 18 | 34 | 15 | 31 | 16 | 36 |
| 184 | 284 | 190 | 294 | 202 | 311 |
| 284 | 484 | 277 | 477 | 279 | 478 |
| 192 | 275 | 194 | 280 | 194 | 280 |
| 204 | 378 | 226 | 410 | 231 | 413 |
| 12 | 21 | 14 | 23 | 13 | 23 |
| | | | | | |
| 141 | 201 | 141 | 199 | 145 | 206 |
| 753 | 1398 | 766 | 1421 | 774 | 1435 |
| 103 | 206 | 119 | 232 | 121 | 232 |
| 794 | 1050 | 786 | 1042 | 792 | 1059 |
| 41 | 85 | 42 | 89 | 42 | 89 |
| | | | | | |
| 81 | 132 | 73 | 124 | 75 | 120 |
| 244 | 422 | 248 | 430 | 261 | 447 |
| 69 | 157 | 75 | 182 | 74 | 180 |
| 13 | 42 | 14 | 44 | 13 | 42 |
| 186 | 342 | 193 | 353 | 182 | 342 |

# 2–34 分地区单机6000千瓦及以上

| 地 区 | 2018年 | | 2019年 | |
|---|---|---|---|---|
| | 台 | 容量 | 台 | 容量 |
| **全 国** | **8070** | **107969** | **8430** | **112722** |
| 北 京 | 71 | 1052 | 80 | 1076 |
| 天 津 | 82 | 1443 | 84 | 1455 |
| 河 北 | 402 | 4945 | 401 | 5058 |
| 山 西 | 475 | 6576 | 481 | 6623 |
| 内蒙古 | 420 | 8256 | 421 | 8321 |
| 辽 宁 | 311 | 3372 | 327 | 3423 |
| 吉 林 | 194 | 1885 | 197 | 1839 |
| 黑龙江 | 335 | 2188 | 357 | 2229 |
| 上 海 | 120 | 2354 | 122 | 2460 |
| 江 苏 | 765 | 10050 | 762 | 10351 |
| 浙 江 | 577 | 6175 | 585 | 6176 |
| 安 徽 | 315 | 4777 | 344 | 5433 |
| 福 建 | 197 | 3110 | 212 | 3152 |
| 江 西 | 35 | 1894 | 132 | 2199 |
| 山 东 | 1026 | 7830 | 1078 | 8276 |
| 河 南 | 387 | 6800 | 391 | 7028 |
| 湖 北 | 273 | 2866 | 284 | 3136 |
| 湖 南 | 202 | 2073 | 194 | 2066 |
| 广 东 | 286 | 6482 | 333 | 7323 |
| 广 西 | 266 | 2223 | 274 | 2242 |
| 海 南 | 43 | 594 | 42 | 468 |
| 重 庆 | 122 | 1713 | 120 | 1593 |
| 四 川 | 200 | 1530 | 222 | 1536 |
| 贵 州 | 97 | 2835 | 101 | 3203 |
| 云 南 | 177 | 1499 | 159 | 1313 |
| 西 藏 | | | 4 | 4 |
| 陕 西 | 190 | 3400 | 203 | 3830 |
| 甘 肃 | 135 | 2068 | 122 | 2068 |
| 青 海 | 15 | 371 | 18 | 379 |
| 宁 夏 | 121 | 2668 | 129 | 3038 |
| 新 疆 | 231 | 4939 | 251 | 5427 |

# 火力发电机组分类情况(合计)

单位：台，万千瓦

| 2020年 | | 2021年 | | 2022年 | |
|---|---|---|---|---|---|
| 台 | 容量 | 台 | 容量 | 台 | 容量 |
| **8776** | **118890** | **9079** | **124597** | **9330** | **128539** |
| 74 | 990 | 74 | 990 | 74 | 990 |
| 88 | 1577 | 81 | 1632 | 98 | 1761 |
| 410 | 5237 | 425 | 5303 | 345 | 5079 |
| 418 | 6690 | 472 | 7702 | 503 | 7803 |
| 441 | 9031 | 462 | 9651 | 446 | 9980 |
| 347 | 3631 | 363 | 3724 | 379 | 3822 |
| 200 | 1846 | 207 | 1849 | 205 | 1848 |
| 374 | 2398 | 405 | 2518 | 394 | 2507 |
| 120 | 2435 | 124 | 2490 | 120 | 2570 |
| 764 | 10050 | 787 | 10604 | 806 | 10408 |
| 610 | 6329 | 639 | 6410 | 644 | 6500 |
| 359 | 5512 | 374 | 5530 | 381 | 5866 |
| 240 | 3463 | 238 | 3563 | 256 | 3666 |
| 222 | 2440 | 244 | 2696 | 242 | 3003 |
| 1129 | 8500 | 1119 | 8880 | 1145 | 9058 |
| 370 | 7047 | 360 | 7287 | 356 | 7379 |
| 263 | 3252 | 267 | 3355 | 322 | 3537 |
| 207 | 2245 | 219 | 2479 | 230 | 2565 |
| 432 | 9554 | 465 | 9908 | 500 | 10423 |
| 276 | 2274 | 292 | 2396 | 329 | 2693 |
| 46 | 542 | 51 | 620 | 57 | 749 |
| 118 | 1512 | 123 | 1716 | 129 | 1801 |
| 226 | 1561 | 241 | 1788 | 235 | 1782 |
| 115 | 3442 | 112 | 3512 | 120 | 3406 |
| 172 | 1436 | 190 | 1461 | 179 | 1445 |
| 4 | 4 | 4 | 4 | 4 | 4 |
| 224 | 4414 | 216 | 4371 | 316 | 5066 |
| 127 | 2305 | 131 | 2306 | 134 | 2310 |
| 16 | 379 | 16 | 379 | 11 | 370 |
| 120 | 3016 | 100 | 3142 | 98 | 3125 |
| 264 | 5777 | 278 | 6329 | 272 | 7024 |

# 2-35 分地区单机6000千瓦及以上

| 地 区 | 2018年 | | 2019年 | |
|---|---|---|---|---|
| | 台 | 容量 | 台 | 容量 |
| **全 国** | **113** | **11457** | **132** | **13518** |
| 北 京 | | | | |
| 天 津 | 4 | 400 | 4 | 400 |
| 河 北 | | | 2 | 220 |
| 山 西 | | | | |
| 内蒙古 | | | | |
| 辽 宁 | 2 | 200 | 2 | 200 |
| 吉 林 | | | | |
| 黑龙江 | | | | |
| 上 海 | 4 | 400 | 4 | 400 |
| 江 苏 | 25 | 2500 | 26 | 2600 |
| 浙 江 | 16 | 1600 | 16 | 1616 |
| 安 徽 | 8 | 805 | 9 | 905 |
| 福 建 | 4 | 410 | 4 | 410 |
| 江 西 | 4 | 400 | 4 | 400 |
| 山 东 | 8 | 821 | 10 | 1021 |
| 河 南 | 8 | 812 | 9 | 912 |
| 湖 北 | 4 | 400 | 6 | 600 |
| 湖 南 | | | | |
| 广 东 | 13 | 1380 | 15 | 1580 |
| 广 西 | 4 | 409 | 4 | 409 |
| 海 南 | | | | |
| 重 庆 | 2 | 200 | 2 | 200 |
| 四 川 | | | | |
| 贵 州 | | | 1 | 225 |
| 云 南 | | | | |
| 西 藏 | | | | |
| 陕 西 | 2 | 200 | 6 | 600 |
| 甘 肃 | | | | |
| 青 海 | | | | |
| 宁 夏 | 3 | 300 | 6 | 600 |
| 新 疆 | 2 | 220 | 2 | 220 |

# 火力发电机组分类情况(100万千瓦及以上)

单位：台，万千瓦

| 2020年 | | 2021年 | | 2022年 | |
|---|---|---|---|---|---|
| 台 | 容量 | 台 | 容量 | 台 | 容量 |
| **143** | **14546** | **161** | **16418** | **167** | **17460** |
| | | | | | |
| | | | | | |
| 4 | 400 | 4 | 400 | 4 | 400 |
| 2 | 200 | 2 | 200 | 2 | 200 |
| | | 5 | 500 | 6 | 600 |
| 2 | 200 | 3 | 300 | 3 | 300 |
| | | | | | |
| 2 | 200 | 2 | 200 | 2 | 200 |
| | | | | | |
| | | | | | |
| | | | | | |
| 4 | 400 | 4 | 400 | 4 | 400 |
| 26 | 2600 | 26 | 2600 | 26 | 2600 |
| 16 | 1616 | 16 | 1635 | 16 | 1640 |
| 9 | 905 | 9 | 905 | 10 | 1040 |
| 4 | 410 | 5 | 510 | 6 | 610 |
| 4 | 400 | 6 | 600 | 8 | 800 |
| 12 | 1221 | 12 | 1221 | 12 | 1221 |
| | | | | | |
| 10 | 1012 | 11 | 1117 | 11 | 1117 |
| 6 | 600 | 7 | 728 | 6 | 600 |
| | | 2 | 200 | 3 | 300 |
| 21 | 2228 | 21 | 2228 | 21 | 2228 |
| 4 | 409 | 4 | 409 | 6 | 609 |
| | | | | | |
| | | | | | |
| 2 | 200 | 2 | 200 | 2 | 200 |
| | | 2 | 200 | 2 | 200 |
| 1 | 125 | 1 | 125 | | |
| | | | | | |
| | | | | | |
| | | | | | |
| 6 | 600 | 6 | 600 | 6 | 600 |
| 2 | 200 | 2 | 200 | 2 | 200 |
| | | | | | |
| 4 | 400 | 7 | 720 | 6 | 600 |
| 2 | 220 | 2 | 220 | 3 | 795 |

# 2-36 分地区单机6000千瓦及以上

| 地区 | 2018年 | | 2019年 | |
|---|---|---|---|---|
| | 台 | 容量 | 台 | 容量 |
| **全国** | **582** | **36879** | **588** | **37298** |
| 北京 | | | | |
| 天津 | 2 | 120 | 2 | 120 |
| 河北 | 27 | 1666 | 21 | 1306 |
| 山西 | 38 | 2340 | 38 | 2328 |
| 内蒙古 | 58 | 3589 | 59 | 3661 |
| 辽宁 | 14 | 896 | 14 | 896 |
| 吉林 | 6 | 398 | 6 | 398 |
| 黑龙江 | 7 | 420 | 7 | 420 |
| 上海 | 8 | 552 | 8 | 552 |
| 江苏 | 42 | 2679 | 43 | 2749 |
| 浙江 | 29 | 1876 | 29 | 1882 |
| 安徽 | 45 | 2903 | 46 | 2965 |
| 福建 | 23 | 1418 | 23 | 1418 |
| 江西 | 15 | 1000 | 15 | 1000 |
| 山东 | 25 | 1648 | 25 | 1635 |
| 河南 | 46 | 2892 | 49 | 3084 |
| 湖北 | 14 | 910 | 14 | 910 |
| 湖南 | 17 | 1111 | 17 | 1111 |
| 广东 | 32 | 1999 | 32 | 1999 |
| 广西 | 11 | 709 | 11 | 709 |
| 海南 | 2 | 130 | | |
| 重庆 | 12 | 756 | 10 | 624 |
| 四川 | 11 | 660 | 11 | 660 |
| 贵州 | 27 | 1683 | 29 | 1815 |
| 云南 | 10 | 600 | 10 | 600 |
| 西藏 | | | | |
| 陕西 | 24 | 1506 | 24 | 1506 |
| 甘肃 | 6 | 384 | 6 | 384 |
| 青海 | 2 | 132 | 2 | 132 |
| 宁夏 | 15 | 978 | 16 | 1044 |
| 新疆 | 14 | 924 | 21 | 1390 |

# 火力发电机组分类情况(60至不足100万千瓦)

单位：台，万千瓦

| 2020年 | | 2021年 | | 2022年 | |
|---|---|---|---|---|---|
| 台 | 容量 | 台 | 容量 | 台 | 容量 |
| **628** | **40090** | **659** | **42187** | **685** | **43841** |
| | | | | | |
| 4 | 305 | 5 | 371 | 5 | 371 |
| 22 | 1359 | 24 | 1499 | 23 | 1429 |
| 36 | 2290 | 41 | 2624 | 44 | 2724 |
| 66 | 4125 | 73 | 4591 | 79 | 4991 |
| | | | | | |
| 15 | 962 | 16 | 1028 | 16 | 1028 |
| 6 | 398 | 6 | 398 | 6 | 398 |
| 9 | 540 | 9 | 540 | 9 | 540 |
| | | | | | |
| 8 | 552 | 8 | 552 | 9 | 617 |
| 41 | 2629 | 43 | 2757 | 41 | 2637 |
| 31 | 2014 | 31 | 2024 | 31 | 2024 |
| 47 | 3035 | 47 | 3035 | 50 | 3233 |
| 27 | 1682 | 28 | 1761 | 28 | 1761 |
| 17 | 1132 | 17 | 1132 | 19 | 1264 |
| 25 | 1642 | 25 | 1649 | 27 | 1784 |
| | | | | | |
| 49 | 3084 | 49 | 3114 | 51 | 3234 |
| 16 | 1042 | 16 | 1042 | 18 | 1174 |
| 19 | 1233 | 19 | 1233 | 19 | 1229 |
| 38 | 2377 | 38 | 2377 | 39 | 2475 |
| 11 | 709 | 11 | 709 | 11 | 709 |
| | | | | | |
| 8 | 504 | 12 | 756 | 13 | 822 |
| 11 | 660 | 11 | 660 | 11 | 660 |
| 32 | 2034 | 34 | 2158 | 33 | 2086 |
| 10 | 600 | 10 | 600 | 10 | 600 |
| | | | | | |
| 30 | 1902 | 30 | 1902 | 30 | 1902 |
| 6 | 384 | 6 | 384 | 6 | 384 |
| 2 | 132 | 2 | 132 | 2 | 132 |
| 17 | 1110 | 16 | 1044 | 18 | 1176 |
| 25 | 1654 | 32 | 2116 | 37 | 2458 |

# 2-37 分地区单机6000千瓦及以上

| 地区 | 2018年 | | 2019年 | |
|---|---|---|---|---|
| | 台 | 容量 | 台 | 容量 |
| **全国** | **1144** | **38097** | **1194** | **39874** |
| 北京 | 13 | 409 | 13 | 409 |
| 天津 | 19 | 654 | 22 | 747 |
| 河北 | 75 | 2436 | 83 | 2722 |
| 山西 | 85 | 2793 | 87 | 2883 |
| 内蒙古 | 87 | 2873 | 88 | 2903 |
| 辽宁 | 45 | 1466 | 45 | 1466 |
| 吉林 | 24 | 807 | 22 | 747 |
| 黑龙江 | 28 | 903 | 28 | 903 |
| 上海 | 29 | 1039 | 31 | 1132 |
| 江苏 | 83 | 2934 | 87 | 3083 |
| 浙江 | 36 | 1353 | 36 | 1353 |
| 安徽 | 17 | 540 | 31 | 1006 |
| 福建 | 28 | 964 | 28 | 964 |
| 江西 | 13 | 429 | 14 | 463 |
| 山东 | 80 | 2632 | 85 | 2804 |
| 河南 | 63 | 2049 | 63 | 2052 |
| 湖北 | 32 | 1069 | 33 | 1104 |
| 湖南 | 18 | 603 | 18 | 603 |
| 广东 | 58 | 1968 | 73 | 2472 |
| 广西 | 18 | 606 | 18 | 606 |
| 海南 | 8 | 276 | 8 | 276 |
| 重庆 | 15 | 523 | 15 | 523 |
| 四川 | 16 | 496 | 16 | 496 |
| 贵州 | 32 | 960 | 32 | 960 |
| 云南 | 20 | 600 | 16 | 480 |
| 西藏 | | | | |
| 陕西 | 40 | 1286 | 40 | 1286 |
| 甘肃 | 41 | 1354 | 42 | 1391 |
| 青海 | 4 | 130 | 4 | 130 |
| 宁夏 | 33 | 1112 | 33 | 1112 |
| 新疆 | 84 | 2831 | 83 | 2796 |

# 火力发电机组分类情况(30至不足60万千瓦)

单位：台，万千瓦

| 2020年 | | 2021年 | | 2022年 | |
|---|---|---|---|---|---|
| 台 | 容量 | 台 | 容量 | 台 | 容量 |
| **1228** | **41403** | **1250** | **42202** | **1263** | **42550** |
| 10 | 314 | 10 | 314 | 10 | 314 |
| 20 | 681 | 20 | 669 | 21 | 716 |
| 87 | 2877 | 85 | 2790 | 85 | 2800 |
| 90 | 3119 | 91 | 3148 | 91 | 3023 |
| 88 | 2903 | 88 | 2903 | 88 | 2903 |
| 47 | 1536 | 47 | 1536 | 49 | 1606 |
| 22 | 747 | 22 | 747 | 22 | 747 |
| 28 | 903 | 28 | 903 | 28 | 903 |
| 31 | 1132 | 32 | 1179 | 32 | 1179 |
| 80 | 2857 | 90 | 3247 | 84 | 3037 |
| 36 | 1353 | 36 | 1353 | 36 | 1355 |
| 29 | 944 | 29 | 944 | 29 | 944 |
| 28 | 964 | 26 | 886 | 24 | 816 |
| 13 | 429 | 13 | 429 | 13 | 429 |
| 84 | 2772 | 90 | 2974 | 92 | 3044 |
| 63 | 2105 | 65 | 2183 | 65 | 2170 |
| 33 | 1104 | 33 | 1104 | 33 | 1104 |
| 20 | 663 | 20 | 669 | 20 | 663 |
| 92 | 3229 | 97 | 3400 | 103 | 3598 |
| 18 | 606 | 21 | 711 | 22 | 746 |
| 10 | 372 | 11 | 418 | 14 | 556 |
| 18 | 618 | 16 | 558 | 16 | 558 |
| 16 | 496 | 16 | 496 | 16 | 496 |
| 34 | 1052 | 34 | 1036 | 36 | 1106 |
| 20 | 600 | 20 | 600 | 20 | 600 |
| 44 | 1430 | 44 | 1430 | 51 | 1665 |
| 43 | 1424 | 43 | 1424 | 43 | 1424 |
| 4 | 130 | 4 | 130 | 4 | 130 |
| 37 | 1245 | 34 | 1157 | 34 | 1157 |
| 83 | 2796 | 85 | 2863 | 82 | 2762 |

# 2-38 分地区单机6000千瓦及以上

| 地区 | 2018年 | | 2019年 | |
|---|---|---|---|---|
| | 台 | 容量 | 台 | 容量 |
| **全 国** | **236** | **5144** | **220** | **4815** |
| 北 京 | 17 | 458 | 17 | 458 |
| 天 津 | 4 | 80 | | |
| 河 北 | 17 | 364 | 15 | 324 |
| 山 西 | 25 | 560 | 24 | 540 |
| 内蒙古 | 39 | 789 | 38 | 769 |
| 辽 宁 | 10 | 204 | 10 | 204 |
| 吉 林 | 15 | 324 | 15 | 324 |
| 黑龙江 | 18 | 363 | 17 | 342 |
| 上 海 | | | | |
| 江 苏 | 10 | 225 | 10 | 225 |
| 浙 江 | 9 | 215 | 7 | 172 |
| 安 徽 | 1 | 21 | 1 | 21 |
| 福 建 | | | | |
| 江 西 | 3 | 65 | 4 | 91 |
| 山 东 | 14 | 323 | 13 | 294 |
| 河 南 | 15 | 312 | 12 | 252 |
| 湖 北 | 2 | 40 | 2 | 40 |
| 湖 南 | 2 | 42 | 2 | 42 |
| 广 东 | 10 | 229 | 8 | 187 |
| 广 西 | 1 | 27 | 1 | 27 |
| 海 南 | | | | |
| 重 庆 | | | | |
| 四 川 | | | | |
| 贵 州 | 3 | 60 | 3 | 60 |
| 云 南 | 2 | 40 | 2 | 40 |
| 西 藏 | | | | |
| 陕 西 | 2 | 40 | 2 | 40 |
| 甘 肃 | 4 | 88 | 4 | 88 |
| 青 海 | 3 | 75 | 3 | 75 |
| 宁 夏 | 2 | 40 | 2 | 40 |
| 新 疆 | 8 | 162 | 8 | 162 |

# 火力发电机组分类情况(20至不足30万千瓦)

单位：台，万千瓦

| 2020年 | | 2021年 | | 2022年 | |
|---|---|---|---|---|---|
| 台 | 容量 | 台 | 容量 | 台 | 容量 |
| **208** | **4576** | **206** | **4547** | **202** | **4465** |
| 17 | 458 | 17 | 458 | 17 | 458 |
| 14 | 299 | 13 | 274 | 12 | 252 |
| 18 | 433 | 18 | 433 | 20 | 475 |
| 38 | 769 | 38 | 769 | 38 | 769 |
| 10 | 204 | 10 | 204 | 9 | 180 |
| 15 | 324 | 14 | 302 | 14 | 302 |
| 17 | 342 | 16 | 321 | 16 | 321 |
| 10 | 225 | 10 | 225 | 10 | 225 |
| 5 | 129 | 5 | 129 | 5 | 129 |
| 1 | 21 | 1 | 27 | 1 | 27 |
| 4 | 91 | 4 | 91 | 2 | 47 |
| 9 | 200 | 12 | 265 | 11 | 244 |
| 10 | 210 | 9 | 195 | 9 | 195 |
| 2 | 40 | 2 | 40 | 2 | 40 |
| 2 | 42 | 2 | 42 | | |
| 10 | 232 | 12 | 274 | 12 | 274 |
| 1 | 27 | 1 | 27 | | |
| | | | | | |
| | | | | | |
| | | | | | |
| | | | | | |
| 3 | 60 | | | | |
| 2 | 40 | 2 | 40 | 2 | 40 |
| | | | | | |
| | | | | | |
| 2 | 40 | 2 | 40 | 4 | 90 |
| 4 | 88 | 4 | 88 | 4 | 88 |
| 4 | 102 | 4 | 102 | 3 | 81 |
| 2 | 40 | 2 | 40 | 2 | 40 |
| 8 | 162 | 8 | 162 | 9 | 189 |

# 2-39 分地区单机6000千瓦及以上

| 地 区 | 2018年 | | 2019年 | |
|---|---|---|---|---|
| | 台 | 容量 | 台 | 容量 |
| **全 国** | **451** | **6163** | **455** | **6208** |
| 北 京 | 6 | 94 | 6 | 94 |
| 天 津 | 6 | 79 | 6 | 79 |
| 河 北 | 2 | 27 | 2 | 27 |
| 山 西 | 28 | 366 | 26 | 339 |
| 内蒙古 | 42 | 557 | 42 | 557 |
| 辽 宁 | 17 | 217 | 17 | 217 |
| 吉 林 | 7 | 80 | 7 | 80 |
| 黑龙江 | 3 | 35 | 3 | 35 |
| 上 海 | 17 | 219 | 17 | 219 |
| 江 苏 | 38 | 543 | 38 | 533 |
| 浙 江 | 21 | 276 | 20 | 263 |
| 安 徽 | 6 | 88 | 6 | 86 |
| 福 建 | 6 | 86 | 6 | 86 |
| 江 西 | | | 5 | 59 |
| 山 东 | 61 | 877 | 63 | 910 |
| 河 南 | 25 | 346 | 25 | 346 |
| 湖 北 | 7 | 105 | 7 | 105 |
| 湖 南 | 2 | 27 | 2 | 27 |
| 广 东 | 43 | 575 | 49 | 669 |
| 广 西 | 10 | 149 | 10 | 149 |
| 海 南 | 8 | 110 | 8 | 110 |
| 重 庆 | 4 | 57 | 5 | 67 |
| 四 川 | 7 | 85 | 5 | 58 |
| 贵 州 | 6 | 84 | 7 | 94 |
| 云 南 | 6 | 92 | 2 | 32 |
| 西 藏 | | | | |
| 陕 西 | 8 | 94 | 8 | 94 |
| 甘 肃 | 10 | 139 | 8 | 117 |
| 青 海 | 2 | 27 | 2 | 27 |
| 宁 夏 | 6 | 87 | 6 | 87 |
| 新 疆 | 47 | 646 | 47 | 646 |

# 火力发电机组分类情况(10至不足20万千瓦)

单位：台，万千瓦

| 2020年 | | 2021年 | | 2022年 | |
|---|---|---|---|---|---|
| 台 | 容量 | 台 | 容量 | 台 | 容量 |
| **470** | **6377** | **477** | **6477** | **493** | **6697** |
| 8 | 120 | 8 | 120 | 8 | 120 |
| 6 | 79 | 6 | 79 | 10 | 135 |
| 2 | 27 | 3 | 37 | 2 | 23 |
| 34 | 414 | 37 | 454 | 28 | 364 |
| 44 | 580 | 45 | 495 | 43 | 570 |
| 18 | 228 | 18 | 228 | 19 | 238 |
| 7 | 80 | 7 | 80 | 7 | 80 |
| 3 | 35 | 5 | 62 | 5 | 62 |
| 15 | 194 | 15 | 194 | 16 | 209 |
| 38 | 535 | 38 | 529 | 39 | 542 |
| 20 | 260 | 18 | 235 | 21 | 289 |
| 7 | 102 | 5 | 75 | 5 | 75 |
| 6 | 86 | 6 | 86 | 9 | 120 |
| 1 | 11 | 1 | 11 | 3 | 35 |
| 62 | 894 | 63 | 907 | 59 | 849 |
| 17 | 240 | 17 | 228 | 15 | 201 |
| 8 | 115 | 8 | 119 | 12 | 169 |
| 2 | 27 | 2 | 27 | 4 | 54 |
| 63 | 867 | 66 | 915 | 75 | 1048 |
| 10 | 149 | 10 | 144 | 12 | 172 |
| 6 | 82 | 8 | 110 | 6 | 82 |
| 1 | 10 | 1 | 10 | 1 | 10 |
| 5 | 58 | 5 | 58 | 5 | 58 |
| 8 | 107 | 10 | 140 | 10 | 140 |
| 2 | 32 | 2 | 32 | 2 | 32 |
| | | | | | |
| 10 | 114 | 7 | 85 | 21 | 251 |
| 8 | 117 | 8 | 117 | 8 | 117 |
| | | | | 2 | 27 |
| 6 | 80 | 5 | 69 | 4 | 54 |
| 53 | 735 | 53 | 735 | 42 | 573 |

# 2-40 分地区单机6000千瓦及以上

| 地区 | 2018年 | | 2019年 | |
|---|---|---|---|---|
| | 台 | 容量 | 台 | 容量 |
| **全国** | **5544** | **10229** | **5841** | **11009** |
| 北京 | 35 | 91 | 44 | 115 |
| 天津 | 47 | 109 | 50 | 108 |
| 河北 | 281 | 452 | 278 | 458 |
| 山西 | 299 | 518 | 306 | 534 |
| 内蒙古 | 194 | 448 | 194 | 430 |
| 辽宁 | 223 | 389 | 239 | 441 |
| 吉林 | 142 | 276 | 147 | 290 |
| 黑龙江 | 279 | 467 | 302 | 529 |
| 上海 | 62 | 144 | 62 | 157 |
| 江苏 | 567 | 1170 | 558 | 1162 |
| 浙江 | 466 | 855 | 477 | 890 |
| 安徽 | 238 | 421 | 251 | 450 |
| 福建 | 136 | 232 | 151 | 273 |
| 江西 | | | 90 | 187 |
| 山东 | 838 | 1530 | 882 | 1613 |
| 河南 | 230 | 390 | 233 | 383 |
| 湖北 | 214 | 341 | 222 | 377 |
| 湖南 | 163 | 290 | 155 | 283 |
| 广东 | 130 | 331 | 156 | 416 |
| 广西 | 222 | 323 | 230 | 342 |
| 海南 | 25 | 78 | 26 | 82 |
| 重庆 | 89 | 177 | 88 | 178 |
| 四川 | 166 | 289 | 190 | 322 |
| 贵州 | 29 | 48 | 29 | 48 |
| 云南 | 139 | 167 | 129 | 161 |
| 西藏 | | | 4 | 4 |
| 陕西 | 114 | 274 | 123 | 304 |
| 甘肃 | 74 | 104 | 62 | 88 |
| 青海 | 4 | 8 | 7 | 15 |
| 宁夏 | 62 | 150 | 66 | 155 |
| 新疆 | 76 | 156 | 90 | 213 |

# 火力发电机组分类情况(不足10万千瓦)

单位：台，万千瓦

| 2020年 | | 2021年 | | 2022年 | |
|---|---|---|---|---|---|
| 台 | 容量 | 台 | 容量 | 台 | 容量 |
| **6099** | **11897** | **6326** | **12765** | **6520** | **13525** |
| 39 | 97 | 39 | 97 | 39 | 97 |
| 54 | 112 | 46 | 113 | 58 | 138 |
| 283 | 475 | 298 | 503 | 221 | 375 |
| 240 | 434 | 280 | 543 | 314 | 617 |
| 203 | 453 | 215 | 492 | 195 | 446 |
| 255 | 502 | 270 | 528 | 284 | 570 |
| 150 | 297 | 158 | 322 | 156 | 321 |
| 317 | 578 | 347 | 692 | 336 | 681 |
| 62 | 157 | 65 | 166 | 59 | 166 |
| 569 | 1204 | 580 | 1247 | 606 | 1367 |
| 502 | 957 | 533 | 1034 | 535 | 1064 |
| 266 | 505 | 283 | 544 | 286 | 547 |
| 175 | 321 | 173 | 321 | 189 | 360 |
| 183 | 378 | 203 | 434 | 197 | 429 |
| 937 | 1772 | 917 | 1865 | 944 | 1917 |
| 221 | 397 | 209 | 451 | 205 | 462 |
| 198 | 351 | 201 | 322 | 251 | 450 |
| 164 | 281 | 174 | 309 | 184 | 319 |
| 208 | 620 | 231 | 714 | 250 | 800 |
| 232 | 375 | 245 | 396 | 278 | 458 |
| 30 | 88 | 32 | 93 | 37 | 111 |
| 89 | 180 | 92 | 192 | 97 | 210 |
| 194 | 347 | 207 | 374 | 201 | 368 |
| 37 | 63 | 33 | 54 | 41 | 74 |
| 138 | 165 | 156 | 189 | 145 | 173 |
| 4 | 4 | 4 | 4 | 4 | 4 |
| 132 | 328 | 127 | 315 | 204 | 558 |
| 64 | 93 | 68 | 94 | 71 | 97 |
| 6 | 15 | 6 | 15 | | |
| 54 | 141 | 36 | 112 | 34 | 98 |
| 93 | 210 | 98 | 233 | 99 | 247 |

# 2-41 分地区6000千瓦及以上电厂发电设备平均利用小时(合计)

单位：小时

| 地 区 | 2018年 | 2019年 | 2020年 | 2021年 | 2022年 |
|---|---|---|---|---|---|
| **全 国** | **3880** | **3828** | **3756** | **3813** | **3692** |
| 北 京 | 3655 | 3656 | 3570 | 3685 | 3607 |
| 天 津 | 4218 | 3779 | 3743 | 3655 | 3430 |
| 河 北 | 4047 | 3790 | 3489 | 3139 | 3098 |
| 山 西 | 3758 | 3740 | 3557 | 3601 | 3618 |
| 内蒙古 | 4159 | 4272 | 4148 | 3980 | 3991 |
| 辽 宁 | 3859 | 3804 | 3710 | 3701 | 3430 |
| 吉 林 | 3004 | 3065 | 3137 | 2963 | 2738 |
| 黑龙江 | 3413 | 3482 | 3356 | 3176 | 2925 |
| 上 海 | 3527 | 3206 | 3357 | 3860 | 3541 |
| 江 苏 | 4213 | 3995 | 3902 | 4183 | 3986 |
| 浙 江 | 4055 | 3973 | 3887 | 4483 | 4384 |
| 安 徽 | 4327 | 4155 | 3912 | 3955 | 3978 |
| 福 建 | 4496 | 4449 | 4477 | 4672 | 4449 |
| 江 西 | 4126 | 4112 | 3969 | 3849 | 3731 |
| 山 东 | 4256 | 4061 | 3969 | 4086 | 3882 |
| 河 南 | 3589 | 3213 | 3006 | 2929 | 3150 |
| 湖 北 | 4034 | 3968 | 3872 | 3946 | 3510 |
| 湖 南 | 3391 | 3483 | 3404 | 3564 | 3328 |
| 广 东 | 4209 | 3957 | 3810 | 4297 | 3980 |
| 广 西 | 3735 | 4123 | 4129 | 3864 | 3570 |
| 海 南 | 3946 | 3878 | 3631 | 3937 | 3623 |
| 重 庆 | 3445 | 3393 | 3392 | 3975 | 3922 |
| 四 川 | 3874 | 3988 | 4223 | 4321 | 4091 |
| 贵 州 | 3481 | 3689 | 3470 | 3315 | 3050 |
| 云 南 | 3600 | 3620 | 3754 | 3556 | 3768 |
| 西 藏 | 2276 | 2638 | 2454 | 2923 | 2772 |
| 陕 西 | 3829 | 3790 | 3646 | 3908 | 3840 |
| 甘 肃 | 3212 | 3274 | 3452 | 3506 | 3233 |
| 青 海 | 2971 | 2925 | 2847 | 2449 | 2298 |
| 宁 夏 | 3649 | 3476 | 3281 | 3323 | 3447 |
| 新 疆 | 3641 | 3918 | 4065 | 4006 | 3984 |

# 2-42 分地区6000千瓦及以上电厂发电设备平均利用小时增减(合计)

单位：小时

| 地 区 | 2018年 | 2019年 | 2020年 | 2021年 | 2022年 |
|---|---|---|---|---|---|
| **全 国** | **90** | **-51** | **-72** | **56** | **-121** |
| 北 京 | 173 | 1 | -86 | 115 | -78 |
| 天 津 | 222 | -439 | -36 | -88 | -225 |
| 河 北 | -87 | -257 | -302 | -350 | -41 |
| 山 西 | 174 | -18 | -183 | 44 | 17 |
| 内蒙古 | 387 | 113 | -124 | -169 | 12 |
| 辽 宁 | 52 | -55 | -94 | -9 | -271 |
| 吉 林 | 163 | 61 | 72 | -174 | -225 |
| 黑龙江 | 29 | 69 | -126 | -180 | -251 |
| 上 海 | -154 | -321 | 151 | 503 | -319 |
| 江 苏 | -350 | -218 | -93 | 281 | -197 |
| 浙 江 | 5 | -82 | -86 | 596 | -99 |
| 安 徽 | 228 | -172 | -243 | 43 | 23 |
| 福 建 | 313 | -47 | 28 | 195 | -223 |
| 江 西 | 59 | -14 | -143 | -120 | -118 |
| 山 东 | 16 | -195 | -92 | 117 | -204 |
| 河 南 | 18 | -376 | -207 | -77 | 221 |
| 湖 北 | 158 | -66 | -96 | 74 | -436 |
| 湖 南 | 78 | 92 | -79 | 160 | -236 |
| 广 东 | 72 | -252 | -147 | 487 | -317 |
| 广 西 | 504 | 388 | 5 | -265 | -294 |
| 海 南 | -180 | -68 | -248 | 306 | -314 |
| 重 庆 | 254 | -52 | -1 | 583 | -53 |
| 四 川 | 87 | 114 | 235 | 98 | -229 |
| 贵 州 | -30 | 208 | -219 | -156 | -264 |
| 云 南 | 206 | 20 | 134 | -198 | 212 |
| 西 藏 | 96 | 362 | -184 | 469 | -151 |
| 陕 西 | -327 | -39 | -144 | 262 | -68 |
| 甘 肃 | 485 | 62 | 178 | 54 | -273 |
| 青 海 | 393 | -46 | -78 | -398 | -151 |
| 宁 夏 | 6 | -173 | -195 | 42 | 124 |
| 新 疆 | 36 | 277 | 147 | -59 | -22 |

# 2-43 分地区6000千瓦及以上电厂发电设备平均利用小时(水电)

单位：小时

| 地 区 | 2018年 | 2019年 | 2020年 | 2021年 | 2022年 |
|---|---|---|---|---|---|
| **全 国** | **3607** | **3697** | **3825** | **3606** | **3417** |
| 北 京 | 1000 | 1032 | 1156 | 1380 | 944 |
| 天 津 | | | | | |
| 河 北 | 753 | 829 | 780 | 1143 | 1189 |
| 山 西 | 1850 | 2247 | 2142 | 1706 | 1577 |
| 内蒙古 | 1873 | 2424 | 2403 | 2581 | 1776 |
| 辽 宁 | 1539 | 1439 | 1844 | 2554 | 2598 |
| 吉 林 | 2036 | 1654 | 1900 | 1748 | 1743 |
| 黑龙江 | 2465 | 2558 | 2901 | 2317 | 1868 |
| 上 海 | | | | | |
| 江 苏 | 1256 | 1162 | 1217 | 1171 | 1182 |
| 浙 江 | 1546 | 2032 | 1745 | 1770 | 1742 |
| 安 徽 | 1674 | 1435 | 1673 | 1565 | 1359 |
| 福 建 | 2504 | 3345 | 2196 | 2070 | 2622 |
| 江 西 | 1831 | 2420 | 2094 | 1907 | 2350 |
| 山 东 | 442 | 473 | 794 | 974 | 1257 |
| 河 南 | 3538 | 3571 | 3430 | 2799 | 2982 |
| 湖 北 | 4071 | 3758 | 4495 | 4309 | 3281 |
| 湖 南 | 2785 | 3421 | 3754 | 3398 | 3110 |
| 广 东 | 1519 | 1932 | 1479 | 1222 | 1313 |
| 广 西 | 3882 | 3750 | 3714 | 3061 | 3581 |
| 海 南 | 1962 | 1089 | 972 | 1080 | 1597 |
| 重 庆 | 3345 | 3273 | 3730 | 3763 | 2712 |
| 四 川 | 4220 | 4291 | 4571 | 4574 | 4214 |
| 贵 州 | 3268 | 3406 | 3631 | 3216 | 2947 |
| 云 南 | 4241 | 4184 | 4221 | 3876 | 4220 |
| 西 藏 | 3597 | 4116 | 3821 | 4470 | 3755 |
| 陕 西 | 2868 | 3697 | 3515 | 4261 | 2852 |
| 甘 肃 | 4840 | 5180 | 5247 | 4534 | 3886 |
| 青 海 | 4360 | 4649 | 5024 | 4234 | 3386 |
| 宁 夏 | 4711 | 5161 | 5312 | 4894 | 4358 |
| 新 疆 | 3626 | 3762 | 3430 | 3339 | 3597 |

# 2-44 分地区6000千瓦及以上电厂发电设备平均利用小时增减(水电)

单位：小时

| 地 区 | 2018年 | 2019年 | 2020年 | 2021年 | 2022年 |
|---|---|---|---|---|---|
| **全 国** | **10** | **90** | **128** | **-219** | **-189** |
| | | | | | |
| 北 京 | -135 | 32 | 124 | 224 | -436 |
| 天 津 | | | | | |
| 河 北 | -246 | 76 | -49 | 363 | 46 |
| 山 西 | 129 | 397 | -105 | -436 | -129 |
| 内蒙古 | 903 | 551 | -21 | 178 | -806 |
| | | | | | |
| 辽 宁 | | -100 | 405 | 710 | 44 |
| 吉 林 | 15 | -382 | 246 | -152 | -5 |
| 黑龙江 | 69 | 93 | 343 | -584 | -449 |
| | | | | | |
| 上 海 | | | | | |
| 江 苏 | -38 | -94 | 55 | -46 | 11 |
| 浙 江 | -244 | 486 | -287 | 25 | -28 |
| 安 徽 | -112 | -239 | 238 | -108 | -206 |
| 福 建 | -755 | 841 | -1149 | -126 | 552 |
| 江 西 | -522 | 589 | -326 | -187 | 443 |
| 山 东 | -174 | 31 | 321 | 180 | 283 |
| | | | | | |
| 河 南 | 1092 | 33 | -141 | -631 | 183 |
| 湖 北 | -49 | -313 | 737 | -186 | -1028 |
| 湖 南 | -460 | 636 | 333 | -356 | -288 |
| 广 东 | -1350 | 412 | -453 | -257 | 91 |
| 广 西 | 68 | -132 | -36 | -653 | 520 |
| 海 南 | -807 | -873 | -116 | 108 | 517 |
| | | | | | |
| 重 庆 | -347 | -71 | 457 | 33 | -1051 |
| 四 川 | -16 | 71 | 280 | 3 | -360 |
| 贵 州 | -18 | 138 | 225 | -416 | -269 |
| 云 南 | 181 | -56 | 36 | -345 | 343 |
| 西 藏 | 368 | 519 | -295 | 649 | -715 |
| | | | | | |
| 陕 西 | -237 | 829 | -182 | 746 | -1409 |
| 甘 肃 | 678 | 340 | 67 | -713 | -648 |
| 青 海 | 1544 | 289 | 375 | -790 | -848 |
| 宁 夏 | 995 | 450 | 151 | -418 | -536 |
| 新 疆 | -128 | 136 | -332 | -92 | 258 |

# 2-45 分地区6000千瓦及以上电厂发电设备平均利用小时(火电)

单位：小时

| 地　区 | 2018年 | 2019年 | 2020年 | 2021年 | 2022年 |
|---|---|---|---|---|---|
| **全　国** | **4378** | **4307** | **4211** | **4444** | **4388** |
| 北　京 | 3939 | 3931 | 3823 | 3929 | 3886 |
| 天　津 | 4471 | 4028 | 4015 | 3921 | 3689 |
| 河　北 | 5090 | 4851 | 4447 | 4160 | 4224 |
| 山　西 | 4318 | 4426 | 4403 | 4364 | 4489 |
| 内蒙古 | 5124 | 5267 | 5066 | 4994 | 5007 |
| 辽　宁 | 4199 | 4070 | 3951 | 3787 | 3395 |
| 吉　林 | 3590 | 3767 | 3909 | 3745 | 3442 |
| 黑龙江 | 3886 | 3963 | 3822 | 3664 | 3297 |
| 上　海 | 3571 | 3253 | 3411 | 3951 | 3627 |
| 江　苏 | 4576 | 4329 | 4262 | 4619 | 4439 |
| 浙　江 | 4201 | 4075 | 3888 | 4761 | 4720 |
| 安　徽 | 5005 | 4838 | 4577 | 4739 | 4894 |
| 福　建 | 4507 | 4299 | 4610 | 4877 | 4370 |
| 江　西 | 5269 | 5153 | 5144 | 5170 | 4833 |
| 山　东 | 4707 | 4443 | 4377 | 4553 | 4416 |
| 河　南 | 3893 | 3523 | 3330 | 3273 | 3626 |
| 湖　北 | 4527 | 4796 | 3851 | 4399 | 4623 |
| 湖　南 | 4048 | 3978 | 3761 | 4391 | 4129 |
| 广　东 | 4290 | 3841 | 3740 | 4484 | 4275 |
| 广　西 | 3502 | 4353 | 4492 | 4689 | 3928 |
| 海　南 | 4549 | 4563 | 4063 | 4510 | 3839 |
| 重　庆 | 3572 | 3584 | 3403 | 4314 | 4760 |
| 四　川 | 2713 | 3084 | 3247 | 3954 | 4325 |
| 贵　州 | 3938 | 4237 | 3883 | 4240 | 3865 |
| 云　南 | 1928 | 2108 | 2721 | 2998 | 2988 |
| 西　藏 | 304 | 297 | 313 | 273 | 277 |
| 陕　西 | 4428 | 4383 | 4234 | 4662 | 4825 |
| 甘　肃 | 4178 | 4236 | 4550 | 4971 | 5081 |
| 青　海 | 3156 | 2667 | 2572 | 3656 | 4062 |
| 宁　夏 | 4865 | 4603 | 4411 | 4529 | 4918 |
| 新　疆 | 4647 | 5069 | 5260 | 5129 | 5131 |

# 2-46 分地区6000千瓦及以上电厂发电设备平均利用小时增减(火电)

单位：小时

| 地 区 | 2018年 | 2019年 | 2020年 | 2021年 | 2022年 |
|---|---|---|---|---|---|
| **全 国** | **159** | **-71** | **-97** | **234** | **-56** |
| 北 京 | 185 | -8 | -108 | 106 | -43 |
| 天 津 | 324 | -443 | -13 | -94 | -232 |
| 河 北 | 34 | -240 | -403 | -288 | 64 |
| 山 西 | 322 | 108 | -23 | -39 | 125 |
| 内蒙古 | 496 | 143 | -201 | -73 | 14 |
| 辽 宁 | -52 | -129 | -119 | -164 | -392 |
| 吉 林 | 184 | 177 | 142 | -164 | -303 |
| 黑龙江 | 20 | 77 | -141 | -158 | -367 |
| 上 海 | -160 | -318 | 158 | 540 | -324 |
| 江 苏 | -333 | -247 | -67 | 357 | -180 |
| 浙 江 | 36 | -126 | -187 | 873 | -41 |
| 安 徽 | 410 | -167 | -261 | 162 | 155 |
| 福 建 | 628 | -208 | 311 | 267 | -507 |
| 江 西 | 246 | -116 | -9 | 26 | -337 |
| 山 东 | 47 | -264 | -66 | 176 | -137 |
| 河 南 | 33 | -370 | -193 | -57 | 353 |
| 湖 北 | 571 | 269 | -945 | 548 | 224 |
| 湖 南 | 484 | -70 | -217 | 630 | -262 |
| 广 东 | 188 | -449 | -101 | 743 | -209 |
| 广 西 | 846 | 851 | 140 | 196 | -761 |
| 海 南 | 344 | 14 | -500 | 447 | -672 |
| 重 庆 | 551 | 12 | -181 | 911 | 446 |
| 四 川 | 590 | 371 | 163 | 707 | 371 |
| 贵 州 | 39 | 299 | -354 | 357 | -374 |
| 云 南 | 523 | 180 | 613 | 276 | -10 |
| 西 藏 | 193 | -7 | 16 | -40 | 4 |
| 陕 西 | -283 | -45 | -149 | 428 | 163 |
| 甘 肃 | 670 | 58 | 314 | 421 | 110 |
| 青 海 | -1150 | -489 | -95 | 1084 | 406 |
| 宁 夏 | -155 | -262 | -192 | 118 | 389 |
| 新 疆 | -71 | 422 | 191 | -130 | 1 |

# 2–47 分地区6000千瓦及以上电厂发电设备平均利用小时(风电)

单位：小时

| 地 区 | 2018年 | 2019年 | 2020年 | 2021年 | 2022年 |
|---|---|---|---|---|---|
| **全 国** | **2103** | **2083** | **2078** | **2231** | **2218** |
| 北 京 | 1866 | 1816 | 2005 | 2057 | 1864 |
| 天 津 | 1830 | 1965 | 1769 | 1883 | 1852 |
| 河 北 | 2276 | 2144 | 2145 | 2208 | 2237 |
| 山 西 | 2196 | 1918 | 1680 | 2348 | 2044 |
| 内蒙古 | 2251 | 2306 | 2375 | 2429 | 2506 |
| 辽 宁 | 2265 | 2300 | 2244 | 2292 | 2276 |
| 吉 林 | 2057 | 2216 | 2309 | 2298 | 2312 |
| 黑龙江 | 2144 | 2323 | 2266 | 2209 | 2559 |
| 上 海 | 2489 | 2065 | 2289 | 2189 | 2296 |
| 江 苏 | 2216 | 1973 | 2001 | 2390 | 2287 |
| 浙 江 | 2173 | 2090 | 2131 | 2111 | 2399 |
| 安 徽 | 2150 | 1809 | 1819 | 2259 | 2142 |
| 福 建 | 2587 | 2639 | 2880 | 2703 | 3132 |
| 江 西 | 1940 | 2028 | 2104 | 2012 | 2320 |
| 山 东 | 1971 | 1863 | 1798 | 2250 | 2070 |
| 河 南 | 1746 | 1480 | 1536 | 2120 | 2050 |
| 湖 北 | 2159 | 1960 | 1881 | 2132 | 2191 |
| 湖 南 | 2051 | 1960 | 2028 | 2080 | 2144 |
| 广 东 | 1860 | 1761 | 2096 | 1880 | 2182 |
| 广 西 | 2294 | 2385 | 2744 | 2324 | 2367 |
| 海 南 | 1524 | 1645 | 1984 | 1743 | 1699 |
| 重 庆 | 2177 | 1996 | 2149 | 2145 | 1945 |
| 四 川 | 2333 | 2553 | 2537 | 2377 | 2286 |
| 贵 州 | 1821 | 1861 | 2049 | 1851 | 1921 |
| 云 南 | 2643 | 2808 | 2857 | 2617 | 2395 |
| 西 藏 | 1863 | 2173 | 1890 | 1929 | 3044 |
| 陕 西 | 1959 | 1931 | 1748 | 2119 | 1931 |
| 甘 肃 | 1772 | 1787 | 1904 | 2022 | 1898 |
| 青 海 | 1524 | 1743 | 1474 | 1519 | 1614 |
| 宁 夏 | 1888 | 1811 | 1653 | 2018 | 1887 |
| 新 疆 | 1941 | 2113 | 2153 | 2309 | 2384 |

# 2-48 分地区6000千瓦及以上电厂发电设备平均利用小时增减(风电)

单位：小时

| 地 区 | 2018年 | 2019年 | 2020年 | 2021年 | 2022年 |
|---|---|---|---|---|---|
| **全 国** | **155** | **-21** | **-5** | **153** | **-12** |
| 北 京 | 12 | -50 | 189 | 52 | -193 |
| 天 津 | -265 | 135 | -196 | 114 | -31 |
| 河 北 | 27 | -133 | 1 | 63 | 29 |
| 山 西 | 204 | -278 | -238 | 668 | -304 |
| 内蒙古 | 187 | 55 | 70 | 53 | 77 |
| 辽 宁 | 123 | 35 | -56 | 48 | -16 |
| 吉 林 | 336 | 159 | 93 | -11 | 14 |
| 黑龙江 | 237 | 179 | -57 | -57 | 350 |
| 上 海 | 152 | -424 | 224 | -100 | 107 |
| 江 苏 | 229 | -243 | 28 | 389 | -103 |
| 浙 江 | 166 | -83 | 41 | -20 | 288 |
| 安 徽 | 144 | -341 | 10 | 440 | -117 |
| 福 建 | -169 | 52 | 241 | -177 | 429 |
| 江 西 | -56 | 89 | 76 | -92 | 308 |
| 山 东 | 187 | -108 | -65 | 452 | -180 |
| 河 南 | 25 | -266 | 56 | 584 | -70 |
| 湖 北 | 61 | -199 | -79 | 251 | 59 |
| 湖 南 | -46 | -91 | 68 | 52 | 64 |
| 广 东 | -184 | -100 | 335 | -216 | 302 |
| 广 西 | 13 | 91 | 359 | -419 | 43 |
| 海 南 | -324 | 121 | 340 | -242 | -43 |
| 重 庆 | -109 | -181 | 154 | -4 | -200 |
| 四 川 | -20 | 220 | -16 | -160 | -91 |
| 贵 州 | 3 | 41 | 187 | -197 | 70 |
| 云 南 | 203 | 165 | 49 | -240 | -222 |
| 西 藏 | 191 | 310 | -283 | 39 | 1115 |
| 陕 西 | 66 | -28 | -183 | 371 | -188 |
| 甘 肃 | 303 | 15 | 117 | 118 | -124 |
| 青 海 | -140 | 219 | -269 | 45 | 95 |
| 宁 夏 | 238 | -77 | -158 | 365 | -131 |
| 新 疆 | 194 | 172 | 39 | 156 | 75 |

# 2-49 分地区6000千瓦及以上电厂发电设备平均利用小时(太阳能发电)

单位：小时

| 地 区 | 2018年 | 2019年 | 2020年 | 2021年 | 2022年 |
|---|---|---|---|---|---|
| **全 国** | **1230** | **1291** | **1281** | **1282** | **1340** |
| 北 京 | 1261 | 1323 | 1242 | 1186 | 1334 |
| 天 津 | 864 | 1144 | 1265 | 1235 | 1343 |
| 河 北 | 1275 | 1379 | 1336 | 1108 | 1330 |
| 山 西 | 1265 | 1307 | 1277 | 1345 | 1393 |
| 内蒙古 | 1632 | 1663 | 1654 | 1563 | 1610 |
| 辽 宁 | 1235 | 1396 | 1453 | 1394 | 1523 |
| 吉 林 | 1332 | 1504 | 1531 | 1602 | 1657 |
| 黑龙江 | 1447 | 1566 | 1604 | 1589 | 1724 |
| 上 海 | 946 | 867 | 861 | 1171 | 1221 |
| 江 苏 | 1059 | 1192 | 1165 | 1238 | 1286 |
| 浙 江 | 1085 | 1104 | 998 | 1069 | 1255 |
| 安 徽 | 1065 | 1102 | 1071 | 1128 | 1235 |
| 福 建 | 1099 | 1040 | 1063 | 1090 | 1033 |
| 江 西 | 1064 | 1004 | 917 | 1007 | 1051 |
| 山 东 | 1227 | 1284 | 1225 | 1211 | 1261 |
| 河 南 | 998 | 1061 | 1055 | 1046 | 1049 |
| 湖 北 | 1115 | 1103 | 1013 | 1075 | 1207 |
| 湖 南 | 933 | 905 | 902 | 1040 | 1102 |
| 广 东 | 884 | 915 | 1020 | 1171 | 1003 |
| 广 西 | 1006 | 1097 | 1085 | 1169 | 1066 |
| 海 南 | 752 | 1023 | 1061 | 1148 | 1184 |
| 重 庆 | 602 | 606 | 655 | 722 | 836 |
| 四 川 | 1461 | 1554 | 1466 | 1591 | 1573 |
| 贵 州 | 932 | 1092 | 1032 | 892 | 1038 |
| 云 南 | 1182 | 1350 | 1332 | 1353 | 1245 |
| 西 藏 | 900 | 1210 | 1116 | 1299 | 1392 |
| 陕 西 | 1274 | 1273 | 1392 | 1365 | 1375 |
| 甘 肃 | 1336 | 1422 | 1511 | 1546 | 1506 |
| 青 海 | 1464 | 1487 | 1376 | 1303 | 1498 |
| 宁 夏 | 1383 | 1371 | 1393 | 1475 | 1552 |
| 新 疆 | 1228 | 1284 | 1396 | 1494 | 1413 |

# 2-50 分地区6000千瓦及以上电厂发电设备平均利用小时增减(太阳能发电)

单位：小时

| 地 区 | 2018年 | 2019年 | 2020年 | 2021年 | 2022年 |
|---|---|---|---|---|---|
| **全 国** | **25** | **61** | **-10** | **1** | **59** |
| 北 京 | -290 | 62 | -81 | -56 | 148 |
| 天 津 | -163 | 280 | 121 | -30 | 108 |
| 河 北 | -28 | 104 | -43 | -228 | 222 |
| 山 西 | -109 | 42 | -30 | 68 | 48 |
| 内蒙古 | 108 | 31 | -9 | -91 | 46 |
| 辽 宁 | 163 | 161 | 57 | -59 | 129 |
| 吉 林 | 81 | 172 | 27 | 71 | 55 |
| 黑龙江 | 198 | 119 | 38 | -15 | 135 |
| 上 海 | 53 | -79 | -6 | 310 | 50 |
| 江 苏 | -129 | 133 | -27 | 73 | 48 |
| 浙 江 | 41 | 19 | -106 | 71 | 186 |
| 安 徽 | 73 | 37 | -31 | 57 | 107 |
| 福 建 | 256 | -59 | 23 | 27 | -57 |
| 江 西 | 173 | -60 | -87 | 91 | 43 |
| 山 东 | 73 | 57 | -59 | -14 | 50 |
| 河 南 | 64 | 63 | -6 | -9 | 3 |
| 湖 北 | 128 | -12 | -90 | 62 | 132 |
| 湖 南 | 421 | -28 | -3 | 138 | 62 |
| 广 东 | 41 | 31 | 105 | 151 | -168 |
| 广 西 | 87 | 90 | -11 | 84 | -103 |
| 海 南 | -361 | 271 | 38 | 87 | 36 |
| 重 庆 | 53 | 4 | 49 | 67 | 114 |
| 四 川 | -31 | 93 | -88 | 125 | -18 |
| 贵 州 | 139 | 160 | -60 | -140 | 145 |
| 云 南 | -100 | 167 | -18 | 22 | -108 |
| 西 藏 | 6 | 310 | -94 | 183 | 93 |
| 陕 西 | 4 | -1 | 119 | -27 | 10 |
| 甘 肃 | 213 | 86 | 89 | 35 | -40 |
| 青 海 | -54 | 23 | -111 | -73 | 195 |
| 宁 夏 | 57 | -12 | 22 | 82 | 77 |
| 新 疆 | 72 | 56 | 112 | 98 | -81 |

# 2-51　分地区6000千瓦及以上电厂发电厂用电率(合计)

单位：%

| 地　区 | 2018年 | 2019年 | 2020年 | 2021年 | 2022年 |
|---|---|---|---|---|---|
| **全　国** | **4.69** | **4.67** | **4.65** | **4.36** | **4.49** |
| 北　京 | 2.61 | 2.73 | 2.65 | 2.71 | 2.71 |
| 天　津 | 5.55 | 5.34 | 5.21 | 5.31 | 5.45 |
| 河　北 | 5.26 | 5.14 | 4.80 | 4.53 | 4.43 |
| 山　西 | 6.72 | 6.54 | 6.32 | 5.92 | 5.83 |
| 内蒙古 | 6.41 | 6.28 | 6.05 | 5.69 | 6.02 |
| 辽　宁 | 5.90 | 5.63 | 5.46 | 5.42 | 5.23 |
| 吉　林 | 5.57 | 5.92 | 5.83 | 5.70 | 5.35 |
| 黑龙江 | 5.86 | 5.89 | 5.66 | 5.74 | 5.16 |
| 上　海 | 4.55 | 4.54 | 4.69 | 4.65 | 4.79 |
| 江　苏 | 4.25 | 4.33 | 4.38 | 4.30 | 4.32 |
| 浙　江 | 4.92 | 4.96 | 5.07 | 4.84 | 4.88 |
| 安　徽 | 4.69 | 4.62 | 4.45 | 4.32 | 4.11 |
| 福　建 | 4.98 | 3.91 | 4.15 | 4.85 | 4.24 |
| 江　西 | 4.31 | 4.17 | 4.45 | 4.61 | 4.42 |
| 山　东 | 5.80 | 6.26 | 6.64 | 5.97 | 5.25 |
| 河　南 | 4.88 | 4.61 | 4.36 | 4.36 | 4.45 |
| 湖　北 | 2.39 | 2.64 | 2.18 | 2.43 | 2.84 |
| 湖　南 | 4.13 | 3.80 | 3.42 | 3.64 | 3.88 |
| 广　东 | 4.91 | 4.83 | 4.93 | 4.45 | 4.72 |
| 广　西 | 3.41 | 3.60 | 3.54 | 3.62 | 3.37 |
| 海　南 | 7.02 | 6.91 | 6.68 | 6.40 | 6.36 |
| 重　庆 | 5.30 | 5.30 | 5.10 | 4.93 | 5.40 |
| 四　川 | 0.64 | 0.65 | 0.63 | 0.68 | 0.64 |
| 贵　州 | 5.15 | 5.17 | 4.97 | 4.99 | 5.02 |
| 云　南 | 0.98 | 0.85 | 1.12 | 1.31 | 1.17 |
| 西　藏 | 0.67 | 0.52 | 2.86 | 0.32 | 0.31 |
| 陕　西 | 6.65 | 6.23 | 6.09 | 5.69 | 6.09 |
| 甘　肃 | 3.20 | 3.39 | 3.36 | 3.45 | 3.21 |
| 青　海 | 1.12 | 0.82 | 0.88 | 1.01 | 1.93 |
| 宁　夏 | 6.77 | 7.17 | 6.87 | 6.38 | 6.37 |
| 新　疆 | 6.18 | 6.79 | 6.81 | 4.03 | 5.87 |

# 2-52 分地区6000千瓦及以上电厂发电厂用电率(水电)

单位：%

| 地 区 | 2018年 | 2019年 | 2020年 | 2021年 | 2022年 |
|---|---|---|---|---|---|
| **全 国** | **0.25** | **0.24** | **0.25** | **0.26** | **0.25** |
| 北 京 | 0.94 | 0.86 | 0.87 | 0.78 | 0.88 |
| 天 津 | | | | | |
| 河 北 | 1.32 | 2.12 | 1.63 | 1.14 | 1.07 |
| 山 西 | 0.37 | 0.26 | 0.28 | 0.44 | 0.73 |
| 内蒙古 | 0.57 | 0.39 | 0.67 | 0.63 | 1.18 |
| 辽 宁 | 1.81 | 1.72 | 1.47 | 1.33 | 0.42 |
| 吉 林 | 1.23 | 0.93 | 0.76 | 0.77 | 0.77 |
| 黑龙江 | 1.06 | 1.10 | 1.02 | 1.31 | 0.90 |
| 上 海 | | | | | |
| 江 苏 | 0.06 | 0.06 | 0.06 | 0.06 | 0.07 |
| 浙 江 | 0.53 | 0.45 | 0.49 | 0.50 | 0.51 |
| 安 徽 | 0.70 | 2.21 | 0.78 | 0.58 | 0.17 |
| 福 建 | 0.32 | 0.10 | 0.17 | 0.43 | 0.36 |
| 江 西 | 0.68 | 0.56 | 0.78 | 0.80 | 0.72 |
| 山 东 | 1.84 | 1.70 | 1.18 | 1.02 | 0.90 |
| 河 南 | 0.25 | 0.20 | 0.26 | 0.26 | 0.28 |
| 湖 北 | 0.11 | 0.11 | 0.11 | 0.12 | 0.15 |
| 湖 南 | 0.80 | 0.75 | 0.63 | 0.67 | 0.79 |
| 广 东 | 0.50 | 0.46 | 0.63 | 0.89 | 0.64 |
| 广 西 | 0.36 | 0.41 | 0.38 | 0.43 | 0.38 |
| 海 南 | 0.34 | 0.47 | 0.50 | 0.45 | 0.30 |
| 重 庆 | 0.50 | 0.49 | 0.41 | 0.42 | 0.49 |
| 四 川 | 0.10 | 0.10 | 0.09 | 0.06 | 0.02 |
| 贵 州 | 0.18 | 0.17 | 0.16 | 0.19 | 0.22 |
| 云 南 | 0.25 | 0.15 | 0.15 | 0.15 | 0.14 |
| 西 藏 | 0.61 | 0.55 | 2.47 | 0.37 | 0.35 |
| 陕 西 | 1.20 | 0.80 | 0.83 | 0.71 | 0.92 |
| 甘 肃 | 0.41 | 0.79 | 1.06 | 1.12 | 0.51 |
| 青 海 | 0.23 | 0.19 | 0.18 | 0.20 | 0.47 |
| 宁 夏 | 1.90 | 1.49 | 1.40 | 1.49 | 1.59 |
| 新 疆 | 0.20 | 0.20 | 0.32 | 1.02 | 1.71 |

# 2-53 分地区6000千瓦及以上电厂发电厂用电率(火电)

单位：%

| 地 区 | 2018年 | 2019年 | 2020年 | 2021年 | 2022年 |
|---|---|---|---|---|---|
| **全 国** | **5.95** | **6.01** | **5.98** | **5.59** | **5.78** |
| 北 京 | 2.67 | 2.79 | 2.71 | 2.79 | 2.77 |
| 天 津 | 5.64 | 5.46 | 5.37 | 5.49 | 5.50 |
| 河 北 | 5.93 | 5.84 | 5.64 | 5.62 | 5.81 |
| 山 西 | 7.36 | 7.24 | 7.09 | 6.94 | 6.73 |
| 内蒙古 | 7.41 | 7.32 | 7.01 | 6.67 | 6.74 |
| 辽 宁 | 6.41 | 6.17 | 5.96 | 6.03 | 5.95 |
| 吉 林 | 6.68 | 7.05 | 7.13 | 7.16 | 7.19 |
| 黑龙江 | 6.50 | 6.58 | 6.52 | 6.84 | 6.73 |
| 上 海 | 4.59 | 4.57 | 4.74 | 4.69 | 4.85 |
| 江 苏 | 4.28 | 4.36 | 4.45 | 4.50 | 4.56 |
| 浙 江 | 4.98 | 5.07 | 5.12 | 4.86 | 5.02 |
| 安 徽 | 4.79 | 4.72 | 4.49 | 4.51 | 4.20 |
| 福 建 | 5.08 | 4.30 | 4.23 | 4.68 | 4.60 |
| 江 西 | 4.80 | 4.77 | 4.94 | 5.19 | 5.09 |
| 山 东 | 6.17 | 6.49 | 6.87 | 6.21 | 5.68 |
| 河 南 | 5.29 | 5.11 | 4.92 | 4.92 | 5.27 |
| 湖 北 | 5.17 | 5.08 | 5.07 | 5.07 | 5.14 |
| 湖 南 | 5.63 | 5.45 | 5.33 | 5.38 | 5.51 |
| 广 东 | 4.96 | 4.92 | 4.94 | 4.53 | 4.96 |
| 广 西 | 5.97 | 5.85 | 5.85 | 5.68 | 5.97 |
| 海 南 | 7.64 | 7.58 | 7.34 | 6.79 | 7.14 |
| 重 庆 | 7.12 | 7.14 | 7.24 | 6.66 | 6.70 |
| 四 川 | 4.52 | 4.38 | 4.29 | 4.21 | 3.86 |
| 贵 州 | 7.88 | 7.82 | 8.00 | 7.59 | 7.62 |
| 云 南 | 8.14 | 8.12 | 7.52 | 7.85 | 7.80 |
| 西 藏 | 0.27 | 0.88 |  | 12.12 |  |
| 陕 西 | 7.28 | 6.95 | 6.79 | 6.48 | 6.85 |
| 甘 肃 | 5.41 | 5.41 | 5.45 | 5.32 | 5.56 |
| 青 海 | 6.54 | 6.40 | 6.09 | 6.26 | 5.74 |
| 宁 夏 | 7.90 | 8.42 | 8.15 | 7.89 | 7.83 |
| 新 疆 | 7.60 | 8.43 | 8.15 | 5.03 | 6.96 |

# 2-54 分地区6000千瓦及以上电厂发电煤耗

单位：克/千瓦时

| 地　区 | 2018年 | 2019年 | 2020年 | 2021年 | 2022年 |
|---|---|---|---|---|---|
| **全　国** | **289.9** | **288.8** | **286.3** | **284.8** | **283.7** |
| 北　京 | 204.4 | 201.1 | 196.4 | 209.8 | 210.5 |
| 天　津 | 270.3 | 262.4 | 260.9 | 274.8 | 271.7 |
| 河　北 | 291.1 | 290.5 | 287.5 | 284.4 | 270.4 |
| 山　西 | 297.7 | 299.1 | 293.7 | 294.7 | 291.9 |
| 内蒙古 | 306.3 | 301.8 | 298.0 | 290.3 | 288.4 |
| 辽　宁 | 291.3 | 284.9 | 284.4 | 283.8 | 282.7 |
| 吉　林 | 278.1 | 272.9 | 276.7 | 276.6 | 270.6 |
| 黑龙江 | 292.5 | 292.1 | 290.7 | 294.4 | 293.8 |
| 上　海 | 284.7 | 279.6 | 279.3 | 281.5 | 284.8 |
| 江　苏 | 280.0 | 277.5 | 277.3 | 277.2 | 279.0 |
| 浙　江 | 281.6 | 281.9 | 281.3 | 280.0 | 279.8 |
| 安　徽 | 275.3 | 283.2 | 284.8 | 283.6 | 282.1 |
| 福　建 | 290.6 | 290.0 | 291.6 | 290.0 | 292.1 |
| 江　西 | 283.9 | 287.6 | 287.8 | 284.2 | 283.2 |
| 山　东 | 290.5 | 289.0 | 277.2 | 273.8 | 272.2 |
| 河　南 | 288.5 | 289.1 | 288.7 | 287.7 | 289.1 |
| 湖　北 | 287.0 | 287.0 | 283.8 | 283.3 | 277.4 |
| 湖　南 | 296.8 | 293.8 | 292.8 | 289.0 | 294.0 |
| 广　东 | 288.5 | 284.1 | 280.9 | 279.6 | 278.8 |
| 广　西 | 294.6 | 292.9 | 294.0 | 291.8 | 291.1 |
| 海　南 | 281.0 | 280.0 | 281.0 | 272.0 | 269.0 |
| 重　庆 | 296.7 | 294.8 | 289.0 | 287.1 | 285.1 |
| 四　川 | 308.5 | 303.3 | 306.2 | 302.9 | 292.2 |
| 贵　州 | 301.6 | 300.4 | 299.8 | 298.3 | 299.8 |
| 云　南 | 312.7 | 307.9 | 313.8 | 310.9 | 307.5 |
| 西　藏 | 357.8 | 366.0 | 370.2 | 370.6 | |
| 陕　西 | 303.6 | 300.2 | 300.8 | 298.2 | 298.9 |
| 甘　肃 | 306.7 | 302.1 | 296.1 | 295.9 | 295.5 |
| 青　海 | 313.1 | 305.6 | 299.6 | 304.8 | 304.8 |
| 宁　夏 | 295.0 | 302.0 | 293.0 | 290.5 | 288.3 |
| 新　疆 | 293.5 | 288.0 | 288.2 | 289.8 | 290.2 |

# 2-55 分地区6000千瓦及以上电厂发电煤耗增减

单位：克/千瓦时

| 地　区 | 2018年 | 2019年 | 2020年 | 2021年 | 2022年 |
|---|---|---|---|---|---|
| **全　国** | **-1.3** | **-1.2** | **-1.6** | **-1.5** | **-1.1** |
| 北　京 | 0.1 | -3.2 | -4.7 | 13.4 | 0.7 |
| 天　津 | -2.3 | -7.9 | -1.5 | 13.9 | -3.0 |
| 河　北 | -6.3 | -0.6 | -3.0 | -3.1 | -14.0 |
| 山　西 | 1.0 | 1.4 | -5.4 | 1.1 | -2.8 |
| 内蒙古 | -1.0 | -4.5 | -3.8 | -7.8 | -1.9 |
| 辽　宁 | 1.8 | -6.4 | -0.5 | -0.6 | -1.1 |
| 吉　林 | -4.9 | -5.2 | 3.8 | -0.1 | -5.9 |
| 黑龙江 | -6.1 | -0.4 | -1.4 | 3.7 | -0.6 |
| 上　海 | -1.7 | -5.1 | -0.4 | 2.3 | 3.3 |
| 江　苏 | -1.7 | -2.4 | -0.2 | -0.1 | 1.8 |
| 浙　江 | -0.2 | 0.4 | -0.6 | -1.4 | -0.1 |
| 安　徽 | -8.5 | 7.9 | 1.6 | -1.2 | -1.6 |
| 福　建 | -1.2 | -0.6 | 1.6 | -1.6 | 2.0 |
| 江　西 | -6.8 | 3.7 | 0.2 | -3.6 | -1.0 |
| 山　东 | -3.8 | -1.5 | -11.9 | -3.3 | -1.6 |
| 河　南 | -4.1 | 0.6 | -0.4 | -1.0 | 1.4 |
| 湖　北 | -2.0 |  | -3.2 | -0.5 | -5.9 |
| 湖　南 | 2.3 | -3.0 | -1.0 | -3.8 | 5.0 |
| 广　东 | 6.2 | -4.4 | -3.2 | -1.4 | -0.7 |
| 广　西 | 2.1 | -1.7 | 1.2 | -2.2 | -0.6 |
| 海　南 | -0.4 | -1.0 | 1.0 | -9.0 | -3.0 |
| 重　庆 | -1.4 | -1.9 | -5.8 | -1.9 | -2.1 |
| 四　川 | -0.7 | -5.2 | 2.9 | -3.3 | -10.7 |
| 贵　州 | 0.2 | -1.2 | -0.5 | -1.5 | 1.5 |
| 云　南 | 2.1 | -4.8 | 5.9 | -2.9 | -3.4 |
| 西　藏 | -8.2 | 8.2 | 4.2 | 0.4 | -370.6 |
| 陕　西 |  | -3.5 | 0.6 | -2.6 | 0.7 |
| 甘　肃 | 7.8 | -4.6 | -6.1 | -0.1 | -0.4 |
| 青　海 | 3.5 | -7.5 | -6.0 | 5.2 |  |
| 宁　夏 | -3.0 | 7.0 | -9.0 | -3.0 | -2.2 |
| 新　疆 | -1.1 | -5.5 | 13.9 | 1.7 | 0.3 |

# 2–56 分地区6000千瓦及以上电厂供电煤耗

单位：克/千瓦时

| 地区 | 2018年 | 2019年 | 2020年 | 2021年 | 2022年 |
|---|---|---|---|---|---|
| **全国** | **307.6** | **306.4** | **303.6** | **301.7** | **300.7** |
| 北京 | 209.2 | 205.8 | 200.6 | 215.3 | 216.0 |
| 天津 | 286.3 | 277.5 | 275.7 | 290.6 | 287.5 |
| 河北 | 309.3 | 308.4 | 304.5 | 301.2 | 285.5 |
| 山西 | 321.0 | 322.2 | 315.7 | 316.5 | 312.0 |
| 内蒙古 | 330.8 | 325.6 | 321.0 | 311.9 | 310.2 |
| 辽宁 | 311.1 | 303.5 | 302.1 | 301.4 | 300.7 |
| 吉林 | 298.3 | 292.8 | 297.2 | 297.5 | 291.0 |
| 黑龙江 | 312.7 | 312.5 | 310.8 | 315.8 | 315.6 |
| 上海 | 298.4 | 293.0 | 293.1 | 295.3 | 299.3 |
| 江苏 | 292.5 | 290.2 | 290.2 | 290.2 | 292.3 |
| 浙江 | 296.1 | 296.7 | 296.1 | 293.5 | 294.0 |
| 安徽 | 288.6 | 296.5 | 297.8 | 296.7 | 295.4 |
| 福建 | 304.5 | 304.3 | 305.6 | 304.0 | 305.8 |
| 江西 | 296.6 | 300.5 | 300.7 | 297.2 | 295.8 |
| 山东 | 308.9 | 307.6 | 293.9 | 289.4 | 288.3 |
| 河南 | 304.8 | 304.6 | 303.5 | 303.2 | 305.2 |
| 湖北 | 302.0 | 302.0 | 298.6 | 298.1 | 292.2 |
| 湖南 | 311.8 | 309.6 | 308.4 | 303.8 | 310.3 |
| 广东 | 303.8 | 298.8 | 294.8 | 293.0 | 292.2 |
| 广西 | 312.5 | 310.2 | 311.3 | 308.1 | 307.7 |
| 海南 | 304.0 | 302.0 | 302.0 | 289.0 | 288.0 |
| 重庆 | 319.4 | 317.5 | 311.6 | 307.6 | 305.5 |
| 四川 | 328.4 | 322.3 | 325.0 | 320.6 | 308.1 |
| 贵州 | 325.9 | 324.6 | 323.4 | 322.0 | 323.5 |
| 云南 | 339.9 | 334.0 | 338.5 | 336.1 | 332.1 |
| 西藏 | 387.1 | 385.0 | 389.1 | 420.3 | |
| 陕西 | 327.0 | 322.2 | 322.3 | 318.6 | 318.5 |
| 甘肃 | 324.2 | 319.5 | 313.2 | 312.7 | 312.9 |
| 青海 | 334.9 | 325.3 | 318.9 | 325.1 | 325.1 |
| 宁夏 | 317.0 | 326.0 | 315.0 | 315.8 | 312.8 |
| 新疆 | 313.7 | 307.0 | 310.1 | 311.8 | 313.4 |

# 2-57　分地区6000千瓦及以上电厂供电煤耗增减

单位：克/千瓦时

| 地　区 | 2018年 | 2019年 | 2020年 | 2021年 | 2022年 |
|---|---|---|---|---|---|
| **全　国** | **-1.8** | **-1.2** | **-1.5** | **-2.0** | **-1.0** |
| 北　京 | 0.3 | -3.4 | -5.2 | 14.7 | 0.6 |
| 天　津 | -3.4 | -8.8 | -1.8 | 14.9 | -3.0 |
| 河　北 | -7.2 | -0.9 | -3.9 | -3.3 | -15.7 |
| 山　西 | 1.0 | 1.2 | -6.5 | 0.8 | -4.5 |
| 内蒙古 | -0.5 | -5.1 | -4.6 | -9.3 | -1.7 |
| 辽　宁 | 1.6 | -7.6 | -1.4 | -0.6 | -0.7 |
| 吉　林 | -5.7 | -5.5 | 4.3 | 0.3 | -6.5 |
| 黑龙江 | -7.2 | -0.2 | -1.8 | 5.0 | -0.1 |
| 上　海 | -1.6 | -5.4 | 0.1 | 2.2 | 4.0 |
| 江　苏 | -2.1 | -2.3 | -0.1 | 0.0 | 2.1 |
| 浙　江 |  | 0.6 | -0.6 | -2.6 | 0.5 |
| 安　徽 | -8.3 | 7.9 | 1.3 | -1.2 | -1.2 |
| 福　建 | -0.7 | -0.1 | 1.3 | -1.6 | 1.7 |
| 江　西 | -7.8 | 3.9 | 0.2 | -3.5 | -1.4 |
| 山　东 | -3.6 | -1.2 | -13.7 | -4.5 | -1.1 |
| 河　南 | -5.3 | -0.2 | -1.1 | -0.3 | 2.0 |
| 湖　北 | -2.0 |  | -3.4 | -0.5 | -5.9 |
| 湖　南 | -0.6 | -2.1 | -1.2 | -4.6 | 6.5 |
| 广　东 | 2.5 | -5.0 | -3.9 | -1.9 | -0.8 |
| 广　西 | 0.5 | -2.3 | 1.1 | -3.2 | -0.4 |
| 海　南 | -1.0 | -2.0 |  | -13.0 | -1.0 |
| 重　庆 | -1.5 | -1.9 | -5.9 | -3.9 | -2.1 |
| 四　川 |  | -6.1 | 2.7 | -4.4 | -12.6 |
| 贵　州 | 0.1 | -1.3 | -1.2 | -1.4 | 1.5 |
| 云　南 | 2.9 | -5.9 | 4.5 | -2.4 | -4.0 |
| 西　藏 | -5.9 | -2.1 | 4.1 | 31.2 | -420.3 |
| 陕　西 | 0.1 | -4.8 | 0.1 | -3.7 | -0.1 |
| 甘　肃 | 8.3 | -4.8 | -6.3 | -0.6 | 0.2 |
| 青　海 | 3.5 | -9.6 | -6.3 | 6.1 |  |
| 宁　夏 | -5.0 | 9.0 | -11.0 | -4.0 | -2.9 |
| 新　疆 | -2.1 | -6.7 | 21.7 | 1.6 | 1.7 |

# 2-58 分地区6000千瓦及以上电厂发电耗用原煤量

单位：万吨

| 地 区 | 2018年 | 2019年 | 2020年 | 2021年 | 2022年 |
|---|---|---|---|---|---|
| **全 国** | **195719** | **199443** | **203937** | **225019** | **231543** |
| 北 京 | 50 | 36 | 22 | 30 | 21 |
| 天 津 | 2078 | 2012 | 1996 | 2161 | 2121 |
| 河 北 | 9897 | 9617 | 9523 | 9285 | 8877 |
| 山 西 | 13596 | 14194 | 14578 | 15931 | 17434 |
| 内蒙古 | 24380 | 26792 | 27652 | 27225 | 29232 |
| 辽 宁 | 7181 | 7025 | 6742 | 6659 | 5917 |
| 吉 林 | 3685 | 3717 | 3814 | 3742 | 3413 |
| 黑龙江 | 4462 | 4587 | 4448 | 4698 | 4192 |
| 上 海 | 2809 | 2634 | 2661 | 3326 | 3221 |
| 江 苏 | 15378 | 15121 | 14605 | 16883 | 17039 |
| 浙 江 | 9068 | 8423 | 7938 | 10184 | 10645 |
| 安 徽 | 9509 | 10707 | 9611 | 10377 | 11703 |
| 福 建 | 5030 | 4840 | 5650 | 6457 | 6069 |
| 江 西 | 3774 | 3990 | 4041 | 4267 | 4636 |
| 山 东 | 18512 | 17916 | 18808 | 19043 | 18812 |
| 河 南 | 11080 | 9834 | 9355 | 9534 | 10877 |
| 湖 北 | 4327 | 5202 | 4133 | 4994 | 5524 |
| 湖 南 | 3489 | 3199 | 2796 | 3627 | 3742 |
| 广 东 | 11389 | 10985 | 10991 | 14967 | 14864 |
| 广 西 | 2478 | 3038 | 3097 | 3323 | 3050 |
| 海 南 | 788 | 771 | 707 | 794 | 783 |
| 重 庆 | 2277 | 2241 | 2010 | 2476 | 2872 |
| 四 川 | 1426 | 1534 | 1554 | 2097 | 2642 |
| 贵 州 | 6427 | 6929 | 6808 | 8357 | 7588 |
| 云 南 | 1407 | 1472 | 2045 | 2411 | 2395 |
| 西 藏 | | | | | |
| 陕 西 | 6327 | 6698 | 7599 | 8755 | 9000 |
| 甘 肃 | 3847 | 3756 | 4139 | 4812 | 5473 |
| 青 海 | 514 | 414 | 406 | 638 | 638 |
| 宁 夏 | 5663 | 6432 | 6794 | 7265 | 7798 |
| 新 疆 | 4871 | 5328 | 9414 | 10699 | 10967 |

# 2-59 分地区6000千瓦及以上电厂发电耗用标煤量

单位：万吨

| 地 区 | 2018年 | 2019年 | 2020年 | 2021年 | 2022年 |
|---|---|---|---|---|---|
| **全 国** | **130805** | **132007** | **135814** | **148207** | **148984** |
| 北 京 | 851 | 837 | 783 | 905 | 913 |
| 天 津 | 1724 | 1666 | 1726 | 1989 | 1848 |
| 河 北 | 6680 | 6598 | 6506 | 6148 | 5688 |
| 山 西 | 7787 | 8108 | 8163 | 8672 | 9619 |
| 内蒙古 | 12847 | 13611 | 13599 | 13794 | 14668 |
| 辽 宁 | 3947 | 3926 | 3950 | 3721 | 3329 |
| 吉 林 | 1801 | 1859 | 1949 | 1872 | 1702 |
| 黑龙江 | 2498 | 2565 | 2557 | 2608 | 2360 |
| 上 海 | 2332 | 2223 | 2300 | 2697 | 2565 |
| 江 苏 | 12401 | 11988 | 11755 | 13010 | 12755 |
| 浙 江 | 7150 | 6891 | 6645 | 8271 | 8266 |
| 安 徽 | 6428 | 6941 | 6550 | 6974 | 7369 |
| 福 建 | 3730 | 3568 | 4097 | 4575 | 4220 |
| 江 西 | 2693 | 2811 | 2931 | 3054 | 3209 |
| 山 东 | 13429 | 12785 | 13318 | 13533 | 12982 |
| 河 南 | 7449 | 6800 | 6514 | 6383 | 7106 |
| 湖 北 | 3337 | 3943 | 3192 | 3798 | 3980 |
| 湖 南 | 2493 | 2405 | 2182 | 2745 | 2721 |
| 广 东 | 9226 | 8803 | 9173 | 11982 | 11502 |
| 广 西 | 1627 | 2017 | 2116 | 2222 | 1904 |
| 海 南 | 562 | 568 | 560 | 621 | 597 |
| 重 庆 | 1713 | 1724 | 1630 | 2005 | 2276 |
| 四 川 | 974 | 1074 | 1127 | 1472 | 1772 |
| 贵 州 | 3415 | 3716 | 3755 | 4073 | 3971 |
| 云 南 | 642 | 674 | 991 | 1090 | 1100 |
| 西 藏 | 0.4 | 0.5 | 0.5 | 0.1 | |
| 陕 西 | 4151 | 4438 | 4998 | 5791 | 6051 |
| 甘 肃 | 2532 | 2444 | 2631 | 3037 | 3129 |
| 青 海 | 355 | 291 | 282 | 418 | 418 |
| 宁 夏 | 3334 | 3822 | 3941 | 4169 | 4384 |
| 新 疆 | 2694 | 2910 | 5893 | 6577 | 6581 |

# 2-60 分地区6000千瓦及以上电厂供热容量

单位：万千瓦

| 地 区 | 2018年 | 2019年 | 2020年 | 2021年 | 2022年 |
|---|---|---|---|---|---|
| **全 国** | **47061** | **51990** | **55958** | **58302** | **61518** |
| 北 京 | 721 | 692 | 672 | 672 | 672 |
| 天 津 | 1304 | 1489 | 1489 | 1550 | 1567 |
| 河 北 | 3779 | 4112 | 4398 | 4205 | 4714 |
| 山 西 | 3969 | 3925 | 3999 | 4258 | 4329 |
| 内蒙古 | 4154 | 4434 | 4558 | 4496 | 4726 |
| 辽 宁 | 2502 | 2612 | 2766 | 3006 | 3104 |
| 吉 林 | 1395 | 1333 | 1336 | 1314 | 1314 |
| 黑龙江 | 1643 | 1696 | 1721 | 1811 | 1787 |
| 上 海 | 521 | 615 | 836 | 836 | 828 |
| 江 苏 | 6616 | 7135 | 7993 | 8178 | 8225 |
| 浙 江 | 1760 | 2354 | 3060 | 3096 | 3432 |
| 安 徽 | 1643 | 2399 | 2200 | 2495 | 2574 |
| 福 建 | 811 | 941 | 943 | 993 | 986 |
| 江 西 |  |  |  |  | 1464 |
| 山 东 | 6927 | 7484 | 7976 | 8447 | 8267 |
| 河 南 | 2468 | 2748 | 2905 | 2920 | 2887 |
| 湖 北 | 588 | 613 | 627 | 634 | 891 |
| 湖 南 | 464 | 398 | 450 | 581 | 60 |
| 广 东 | 1002 | 1104 | 1756 | 1756 | 2593 |
| 广 西 |  |  | 69 | 139 | 139 |
| 海 南 |  |  |  |  |  |
| 重 庆 | 179 | 189 | 203 | 203 | 221 |
| 四 川 |  |  |  |  |  |
| 贵 州 | 30 | 30 | 90 | 726 | 522 |
| 云 南 |  |  |  |  |  |
| 西 藏 |  |  |  |  |  |
| 陕 西 | 1195 | 1333 | 1488 | 1725 | 1725 |
| 甘 肃 | 1214 | 1344 | 1344 | 1339 | 1166 |
| 青 海 |  |  |  |  |  |
| 宁 夏 | 494 | 1279 | 1279 | 1385 | 1385 |
| 新 疆 | 1680 | 1731 | 1801 | 1537 | 1941 |

# 2-61　分地区6000千瓦及以上电厂供热量

单位：吉焦

| 地　区 | 2018年 | 2019年 | 2020年 | 2021年 | 2022年 |
|---|---|---|---|---|---|
| **全　国** | **4806252247** | **4924924957** | **5246736057** | **5671136036** | **5750540733** |
| 北　京 | 81550005 | 79503079 | 82930755 | 79624538 | 81507776 |
| 天　津 | 94896300 | 99813901 | 101777451 | 99580326 | 105137714 |
| 河　北 | 266940536 | 272821120 | 312427081 | 329200394 | 351301445 |
| 山　西 | 217399791 | 248934953 | 278214505 | 274449325 | 310071092 |
| 内蒙古 | 329495571 | 378746912 | 373339476 | 379750740 | 392964622 |
| 辽　宁 | 361065890 | 419355898 | 473048532 | 472949028 | 468193449 |
| 吉　林 | 206029785 | 205931033 | 38893998 | 216670502 | 204127602 |
| 黑龙江 | 302539087 | 301040574 | 323383128 | 332555127 | 345803912 |
| 上　海 | 58210760 | 62079242 | 63437855 | 61130359 | 54169612 |
| 江　苏 | 956667855 | 724856463 | 718146052 | 749582012 | 771557951 |
| 浙　江 | 562384776 | 584176898 | 554122961 | 598403586 | 595571081 |
| 安　徽 | 15811284 | 19064305 | 21294100 | 24068616 | 24499608 |
| 福　建 | 39570824 | 45049680 | 47431914 | 53418433 | 56182927 |
| 江　西 | | | | | 8897167 |
| 山　东 | 772393822 | 827685763 | 1097873610 | 1183471940 | 1153142102 |
| 河　南 | 138388516 | 147788094 | 166133646 | 158382699 | 151761124 |
| 湖　北 | 37787115 | 45863777 | 48360541 | 57079989 | 60749313 |
| 湖　南 | 47447707 | 54597915 | 50356521 | 53494467 | 50589279 |
| 广　东 | 49026064 | 39650354 | 56589806 | 68089529 | 60040308 |
| 广　西 | | | 1521257 | 3178747 | 3247465 |
| 海　南 | | | | | |
| 重　庆 | 52199780 | 53943507 | 54942978 | 54951063 | 63993197 |
| 四　川 | | | | | |
| 贵　州 | 243206 | 214223 | 1784061 | 3465020 | 4027833 |
| 云　南 | | | | | |
| 西　藏 | | | | | |
| 陕　西 | 41283501 | 49168212 | 53015378 | 55776415 | 60164140 |
| 甘　肃 | 90924991 | 89320672 | 90835605 | 112093496 | 94075343 |
| 青　海 | | | | | |
| 宁　夏 | | 73686806 | 79729877 | 83526086 | 88463869 |
| 新　疆 | 83995079 | 101631578 | 157144968 | 166243598 | 190300802 |

# 2-62 分地区火电机组退役情况

单位：万千瓦

| 地 区 | 2018年 | 2019年 | 2020年 | 2021年 | 2022年 |
|---|---|---|---|---|---|
| **全 国** | **1197** | **1024** | **1469** | **499** | **704** |
| 北 京 | | | | | |
| 天 津 | 86 | 1 | 0.3 | 5 | 26 |
| 河 北 | 69 | 58 | 44 | 25 | 51 |
| 山 西 | 60 | 216 | 174 | 19 | 70 |
| 内蒙古 | 4 | 4 | 9 | 8 | 21 |
| 辽 宁 | 24 | | | 15 | 20 |
| 吉 林 | | 60 | | 26 | 1 |
| 黑龙江 | 29 | 21 | 10 | 25 | 8 |
| 上 海 | | 5 | 25 | | 10 |
| 江 苏 | 58 | 58 | 141 | 76 | 17 |
| 浙 江 | 60 | 66 | 67 | 27 | 7 |
| 安 徽 | 38 | 12 | | | |
| 福 建 | 2 | | 2 | 15 | 79 |
| 江 西 | | 2 | 31 | 7 | 49 |
| 山 东 | 87 | 127 | 306 | 110 | 97 |
| 河 南 | 282 | 169 | 243 | 46 | 43 |
| 湖 北 | 7 | 5 | 224 | 2 | 2 |
| 湖 南 | 10 | 11 | 2 | 4 | 1 |
| 广 东 | 97 | 115 | 40 | 15 | 10 |
| 广 西 | 57 | 6 | 5 | 5 | 22 |
| 海 南 | | | 28 | | 12 |
| 重 庆 | 14 | 1 | 58 | 7 | 1 |
| 四 川 | 73 | 30 | 2 | 8 | 2 |
| 贵 州 | | | | | |
| 云 南 | | | | 0.3 | |
| 西 藏 | | | | | |
| 陕 西 | 13 | 1 | 2 | 28 | 6 |
| 甘 肃 | | 34 | | 6 | |
| 青 海 | | | | | |
| 宁 夏 | 18 | 18 | 27 | | 141 |
| 新 疆 | 110 | 6 | 29 | 20 | 8 |

# 2-63 主要发电企业火电机组分容量等级发电装机容量情况

单位：台，万千瓦

| 地 区 | 2018年 | | 2019年 | | 2020年 | | 2021年 | | 2022年 | |
|---|---|---|---|---|---|---|---|---|---|---|
| | 台 | 容量 | 台 | 容量 | 台 | 容量 | 台 | 容量 | 台 | 容量 |
| **合 计** | **1995** | **76673** | **2077** | **81698** | **2173** | **84603** | **2181** | **87176** | **2289** | **90676** |
| 机组≥100 | 101 | 10183 | 118 | 12150 | 123 | 12399 | 137 | 13988 | 151 | 15566 |
| 60≤机组＜100 | 485 | 30828 | 510 | 32462 | 537 | 34288 | 549 | 35090 | 559 | 35756 |
| 30≤机组＜60 | 870 | 29124 | 913 | 30737 | 931 | 31450 | 933 | 31662 | 960 | 32716 |
| 20≤机组＜30 | 144 | 3062 | 142 | 3025 | 139 | 2977 | 143 | 3068 | 140 | 2998 |
| 10≤机组＜20 | 195 | 2807 | 177 | 2554 | 180 | 2632 | 174 | 2537 | 184 | 2663 |
| 0.6≤机组＜10 | 200 | 669 | 217 | 769 | 263 | 856 | 245 | 831 | 295 | 977 |

注：本表基于中国华能集团有限公司、中国大唐集团有限公司、中国华电集团有限公司、国家能源投资集团有限责任公司、国家电力投资集团有限公司、国投电力控股股份有限公司、中国核工业集团有限公司、中国长江三峡集团有限公司、华润电力控股有限公司、中煤电力有限公司、黄河万家寨水利枢纽有限公司、新力能源开发有限公司、北京能源集团有限责任公司、河北建设投资集团有限责任公司、晋能控股电力集团有限公司、晋能控股山西电力股份有限公司、申能股份有限公司、江苏省国信资产管理集团有限公司、浙江省能源集团有限公司、安徽省皖能股份有限公司、江西省投资集团有限公司、广东省能源集团有限公司、中国广核集团有限公司、广州发展集团股份有限公司、深圳能源集团股份有限公司、甘肃电力投资集团有限责任公司、中铝宁夏能源集团有限公司等公司报送数据汇总得出。

# 2-64 主要发电企业火电机组分容量等级发电量情况

单位：亿千瓦时

| 地 区 | 2018年 | 2019年 | 2020年 | 2021年 | 2022年 |
|---|---|---|---|---|---|
| **合 计** | **33398** | **34482** | **34097** | **38446** | **39316** |
| 机组≥100 | 5044 | 5447 | 5429 | 6683 | 7346 |
| 60≤机组＜100 | 13827 | 14147 | 13985 | 16065 | 16258 |
| 30≤机组＜60 | 11988 | 12540 | 12297 | 13413 | 13524 |
| 20≤机组＜30 | 1226 | 1199 | 1177 | 1143 | 1019 |
| 10≤机组＜20 | 1052 | 835 | 871 | 827 | 791 |
| 0.6≤机组＜10 | 261 | 314 | 338 | 316 | 378 |

注：本表基于中国华能集团有限公司、中国大唐集团有限公司、中国华电集团有限公司、国家能源投资集团有限责任公司、国家电力投资集团有限公司、国投电力控股股份有限公司、中国核工业集团有限公司、中国长江三峡集团有限公司、华润电力控股有限公司、中煤电力有限公司、黄河万家寨水利枢纽有限公司、新力能源开发有限公司、北京能源集团有限责任公司、河北建设投资集团有限责任公司、晋能控股电力集团有限公司、晋能控股山西电力股份有限公司、申能股份有限公司、江苏省国信资产管理集团有限公司、浙江省能源集团有限公司、安徽省皖能股份有限公司、江西省投资集团有限公司、广东省能源集团有限公司、中国广核集团有限公司、广州发展集团股份有限公司、深圳能源集团股份有限公司、甘肃电力投资集团有限责任公司、中铝宁夏能源集团有限公司等公司报送数据汇总得出。

# 2-65 主要发电企业火电机组分容量等级利用小时情况

单位：小时

| 地　区 | 2018年 | 2019年 | 2020年 | 2021年 | 2022年 |
|---|---|---|---|---|---|
| **合　计** | **4436** | **4365** | **4164** | **4490** | **4400** |
| 机组≥100 | 5089 | 4748 | 4597 | 5179 | 4964 |
| 60≤机组<100 | 4510 | 4563 | 4261 | 4613 | 4545 |
| 30≤机组<60 | 4235 | 4133 | 3978 | 4278 | 4176 |
| 20≤机组<30 | 4005 | 4009 | 3972 | 3757 | 3531 |
| 10≤机组<20 | 3828 | 3305 | 3389 | 3351 | 2979 |
| 0.6≤机组<10 | 4325 | 4431 | 4128 | 3851 | 4305 |

注：本表基于中国华能集团有限公司、中国大唐集团有限公司、中国华电集团有限公司、国家能源投资集团有限责任公司、国家电力投资集团有限公司、国投电力控股股份有限公司、中国核工业集团有限公司、中国长江三峡集团有限公司、华润电力控股有限公司、中煤电力有限公司、黄河万家寨水利枢纽有限公司、新力能源开发有限公司、北京能源集团有限责任公司、河北建设投资集团有限责任公司、晋能控股电力集团有限公司、晋能控股山西电力股份有限公司、申能股份有限公司、江苏省国信资产管理集团有限公司、浙江省能源集团有限公司、安徽省皖能股份有限公司、江西省投资集团有限公司、广东省能源集团有限公司、中国广核集团有限公司、广州发展集团股份有限公司、深圳能源集团股份有限公司、甘肃电力投资集团有限责任公司、中铝宁夏能源集团有限公司等公司报送数据汇总得出。

# 2-66 主要发电企业火电机组分容量等级厂用电率情况

单位：%

| 地　区 | 2018年 | 2019年 | 2020年 | 2021年 | 2022年 |
|---|---|---|---|---|---|
| **合　计** | **5.37** | **5.32** | **5.27** | **5.44** | **5.19** |
| 机组≥100 | 3.91 | 4.05 | 3.90 | 3.94 | 3.98 |
| 60≤机组＜100 | 5.30 | 5.24 | 5.14 | 5.80 | 5.19 |
| 30≤机组＜60 | 5.70 | 5.62 | 5.66 | 5.50 | 5.57 |
| 20≤机组＜30 | 7.31 | 7.47 | 7.38 | 7.47 | 7.18 |
| 10≤机组＜20 | 6.83 | 6.90 | 6.77 | 6.20 | 6.78 |
| 0.6≤机组＜10 | 7.29 | 6.51 | 7.40 | 7.47 | 6.50 |

注：本表基于中国华能集团有限公司、中国大唐集团有限公司、中国华电集团有限公司、国家能源投资集团有限责任公司、国家电力投资集团有限公司、国投电力控股股份有限公司、中国核工业集团有限公司、中国长江三峡集团有限公司、华润电力控股有限公司、中煤电力有限公司、黄河万家寨水利枢纽有限公司、新力能源开发有限公司、北京能源集团有限责任公司、河北建设投资集团有限责任公司、晋能控股电力集团有限公司、晋能控股山西电力股份有限公司、申能股份有限公司、江苏省国信资产管理集团有限公司、浙江省能源集团有限公司、安徽省皖能股份有限公司、江西省投资集团有限公司、广东省能源集团有限公司、中国广核集团有限公司、广州发展集团股份有限公司、深圳能源集团股份有限公司、甘肃电力投资集团有限责任公司、中铝宁夏能源集团有限公司等公司报送数据汇总得出。

# 2-67 主要发电企业火电机组分容量等级发电标准煤耗情况

单位：克/千瓦时

| 地　区 | 2018年 | 2019年 | 2020年 | 2021年 | 2022年 |
|---|---|---|---|---|---|
| **合　计** | **285.5** | **285.4** | **282.9** | **282.6** | **281.3** |
| 机组≥100 | 273.0 | 273.8 | 273.2 | 273.2 | 272.3 |
| 60≤机组＜100 | 288.3 | 290.9 | 286.8 | 286.4 | 285.1 |
| 30≤机组＜60 | 287.2 | 285.3 | 283.2 | 283.5 | 282.7 |
| 20≤机组＜30 | 286.4 | 284.2 | 281.7 | 281.1 | 275.6 |
| 10≤机组＜20 | 288.4 | 273.4 | 275.4 | 269.8 | 271.9 |
| 0.6≤机组＜10 | 289.9 | 276.2 | 291.1 | 281.7 | 278.4 |

注：本表基于中国华能集团有限公司、中国大唐集团有限公司、中国华电集团有限公司、国家能源投资集团有限责任公司、国家电力投资集团有限公司、国投电力控股股份有限公司、中国核工业集团有限公司、中国长江三峡集团有限公司、华润电力控股有限公司、黄河万家寨水利枢纽有限公司、新力能源开发有限公司、北京能源集团有限责任公司、河北建设投资集团有限责任公司、晋能控股电力集团有限公司、晋能控股山西电力股份有限公司、申能股份有限公司、江苏省国信资产管理集团有限公司、浙江省能源集团有限公司、安徽省皖能股份有限公司、江西省投资集团有限公司、广东省能源集团有限公司、中国广核集团有限公司、广州发展集团股份有限公司、深圳能源集团股份有限公司、甘肃电力投资集团有限责任公司、中铝宁夏能源集团有限公司等公司报送数据汇总得出。

# 2-68 主要发电企业火电机组分容量等级供电标准煤耗情况

单位：克/千瓦时

| 地　区 | 2018年 | 2019年 | 2020年 | 2021年 | 2022年 |
|---|---|---|---|---|---|
| **合　计** | **301.8** | **300.1** | **298.4** | **298.0** | **296.8** |
| 机组≥100 | 284.1 | 285.3 | 284.2 | 284.4 | 283.6 |
| 60≤机组＜100 | 304.8 | 303.5 | 302.3 | 301.8 | 300.7 |
| 30≤机组＜60 | 304.4 | 302.3 | 299.8 | 300.1 | 299.4 |
| 20≤机组＜30 | 308.8 | 306.6 | 303.8 | 304.0 | 297.0 |
| 10≤机组＜20 | 310.1 | 292.9 | 294.7 | 287.8 | 292.0 |
| 0.6≤机组＜10 | 312.5 | 306.6 | 313.3 | 303.2 | 300.3 |

注：本表基于中国华能集团有限公司、中国大唐集团有限公司、中国华电集团有限公司、国家能源投资集团有限责任公司、国家电力投资集团有限公司、国投电力控股股份有限公司、中国核工业集团有限公司、中国长江三峡集团有限公司、华润电力控股有限公司、黄河万家寨水利枢纽有限公司、新力能源开发有限公司、北京能源集团有限责任公司、河北建设投资集团有限责任公司、晋能控股电力集团有限公司、晋能控股山西电力股份有限公司、申能股份有限公司、江苏省国信资产管理集团有限公司、浙江省能源集团有限公司、安徽省皖能股份有限公司、江西省投资集团有限公司、广东省能源集团有限公司、中国广核集团有限公司、广州发展集团股份有限公司、深圳能源集团股份有限公司、甘肃电力投资集团有限责任公司、中铝宁夏能源集团有限公司等公司报送数据汇总得出。

# 主要统计指标解释

**1.水力发电**：是指利用水的流量和落差（势能）生产电能，简称水电。抽水蓄能发电是水力发电的一种特殊形式，抽水蓄能电厂分上下水库，在电网低谷时段将下库的水抽至上库，将多余的电能转换为水能储蓄起来；在电网高峰时段，上库的水通过水轮机放至下库发电，使储蓄的水能重新转换为电能。

**2.火力发电**：是指利用煤、石油（石油焦、重油等）、天然气、生物质等固体、液体、气体燃料燃烧时产生的热能，通过蒸汽轮机（燃气轮机）做功转换成机械能并带动发电机装置转换成电能的一种发电方式，简称火电：

（1）燃煤发电 主要包括原煤发电和煤矸石发电。

（2）燃油发电，主要包括渣油（重油）发电和柴（汽）油发电。

（3）燃气发电，包括天然气发电、煤层气发电等。

（4）余热、余压、余气发电，主要包括余热发电、余压发电、余气发电。

（5）生物质发电是将生物质能转换为电能的发电方式。包括农林废弃物直接燃烧发电、农林废弃物气化发电、垃圾焚烧发电、沼气发电（包括农林废弃物气化发电以及垃圾填埋气发电等，也属于燃气发电）。

（6）农林废弃物直接燃烧发电是指将秸秆、蔗渣、林木质等农林废弃物打包处理后进行高温焚烧，产生热能通过火电动力装置转换成电能的发电方式。

（7）垃圾焚烧发电是指把经过分类处理后燃烧值较高的垃圾进行高温焚烧，产生热能通过火电动力装置转换成电能的发电方式。

（8）沼气发电是指利用厌氧发酵处理产生的沼气进行发电的发电方式。包括农林废弃物气化发电以及垃圾填埋气发电等。

**3.核能发电**：是指利用反应堆内原子核裂变过程中释放出来的热能生产电能，简称核电。

**4.风力发电**：是指利用空气流动的动能（风能）生产电能，简称风电。风电场按其所处位置可以分为两种类型，即陆上风电和海上风电。

**5.太阳能发电**：是指利用太阳光能或太阳热能生产电能。目前太阳能发电主要有光伏发电和光热发电两种方式：

（1）光伏发电是将太阳光辐射能通过光伏效应直接转换为电能。

（2）光热发电是利用大规模阵列抛物或蝶形镜面收集太阳热能，通过换热装置提供蒸汽，将太阳光能转化为电能。

**6.分布式发电**：指在用户所在场地或附近建设安装、运行方式以用户端自发自用为主、多余电量上网，且在配电网系统平衡调节为特征的发电设施或有电力输出的能量综合梯级利用多联供设施。《国家发展改革委关于印发<分布式发电管理暂行办法>的通知》（发改能源〔2013〕1381号）所指分布式发电适用于以下方式：

（1）总装机容量5万千瓦及以下的小水电站；

（2）以各个电压等级接入配电网的风能、太阳能、生物质能、海洋能、地热能等新能源发电；

（3）除煤炭直接燃烧以外的各种废弃物发电，多种能源互补发电，余热余压余气发电、煤矿瓦斯发电等资源综合利用发电；

（4）总装机容量5万千瓦及以下的煤层气发电；

（5）综合能源利用效率高于70%且电力就地消纳的天然气热电冷联供等。

（6）分布式储能设施，以及新能源微电网、终端一体化集成供能、区域能源网络（能源互联网）等能源综合利用系统。

**7.发电（供热）耗用原煤量**：指在发电（供热）生产过程中发电（供热）消耗的燃料，不包括下列耗用量（或用汽、热水折算的燃料量）：

（1）新设备或大修后设备的烘炉、煮炉、暖机、空载运行的电力和燃料的消耗量；

（2）新设备在未移交生产前的带负荷试运行期间，耗用的电量和燃料；

（3）计划大修以及基建、更改工程施工用的电力和燃料；

（4）发电机作调相运行时耗用的电力和燃料；

（5）自备机车、船舶等耗用的电力和燃料；

（6）升、降压变压器（不包括厂用电变压器）、变波机、调相机等消耗的电力；

（7）修配车间、车库、副业、综合利用、集体企业、外供及非生产用（食堂、宿舍、幼儿园、学校、医院、服务公司和办公室等）的电力和燃料。

# 3

# 供用电

# 3-1 分地区全社会用电量

单位：亿千瓦时

| 地 区 | 2018年 | 2019年 | 2020年 | 2021年 | 2022年 |
|---|---|---|---|---|---|
| **全 国** | **69002** | **72486** | **75214** | **83313** | **86369** |
| 北 京 | 1142 | 1166 | 1140 | 1233 | 1281 |
| 天 津 | 861 | 878 | 875 | 982 | 991 |
| 河 北 | 3666 | 3856 | 3934 | 4294 | 4344 |
| 山 西 | 2161 | 2262 | 2342 | 2608 | 2721 |
| 内蒙古 | 3353 | 3653 | 3900 | 3957 | 4200 |
| 辽 宁 | 2302 | 2401 | 2423 | 2576 | 2551 |
| 吉 林 | 751 | 780 | 805 | 843 | 852 |
| 黑龙江 | 974 | 996 | 1014 | 1089 | 1139 |
| 上 海 | 1567 | 1569 | 1576 | 1750 | 1746 |
| 江 苏 | 6128 | 6264 | 6374 | 7101 | 7400 |
| 浙 江 | 4533 | 4706 | 4830 | 5514 | 5799 |
| 安 徽 | 2135 | 2301 | 2428 | 2715 | 2993 |
| 福 建 | 2314 | 2402 | 2483 | 2837 | 2900 |
| 江 西 | 1429 | 1536 | 1627 | 1863 | 1983 |
| 山 东 | 5917 | 6219 | 6940 | 7383 | 7559 |
| 河 南 | 3418 | 3364 | 3392 | 3647 | 3908 |
| 湖 北 | 2071 | 2214 | 2144 | 2472 | 2648 |
| 湖 南 | 1745 | 1864 | 1929 | 2155 | 2236 |
| 广 东 | 6323 | 6696 | 6926 | 7867 | 7870 |
| 广 西 | 1703 | 1907 | 2029 | 2238 | 2217 |
| 海 南 | 327 | 355 | 363 | 405 | 415 |
| 重 庆 | 1119 | 1160 | 1186 | 1341 | 1404 |
| 四 川 | 2459 | 2636 | 2865 | 3275 | 3447 |
| 贵 州 | 1482 | 1541 | 1586 | 1743 | 1743 |
| 云 南 | 1679 | 1812 | 2025 | 2139 | 2390 |
| 西 藏 | 69 | 78 | 82 | 101 | 119 |
| 陕 西 | 1594 | 1912 | 1741 | 2217 | 2376 |
| 甘 肃 | 1290 | 1288 | 1376 | 1495 | 1501 |
| 青 海 | 738 | 716 | 742 | 858 | 922 |
| 宁 夏 | 1065 | 1084 | 1038 | 1158 | 1250 |
| 新 疆 | 2686 | 2868 | 3099 | 3460 | 3466 |

# 3-2 分地区全社会用电增速

单位：%

| 地 区 | 2018年 | 2019年 | 2020年 | 2021年 | 2022年 |
|---|---|---|---|---|---|
| **全 国** | **8.43** | **4.44** | **3.24** | **10.35** | **3.61** |
| 北 京 | 7.08 | 2.10 | -2.27 | 8.15 | 3.88 |
| 天 津 | 6.93 | 2.72 | -0.44 | 7.34 | 0.91 |
| 河 北 | 6.51 | 5.19 | 2.02 | 9.16 | 1.15 |
| 山 西 | 8.54 | 4.69 | 3.53 | 11.37 | 4.33 |
| 内蒙古 | 15.52 | 8.93 | 6.77 | 1.46 | 6.12 |
| 辽 宁 | 7.81 | 4.30 | 0.91 | 6.28 | -0.97 |
| 吉 林 | 6.77 | 3.97 | 3.21 | 4.69 | 1.08 |
| 黑龙江 | 4.88 | 2.23 | 1.89 | 7.35 | 4.59 |
| 上 海 | 2.61 | 0.12 | 0.47 | 11.02 | -0.23 |
| 江 苏 | 5.52 | 2.22 | 1.75 | 11.41 | 4.20 |
| 浙 江 | 8.11 | 3.83 | 2.63 | 14.17 | 5.17 |
| 安 徽 | 11.12 | 7.76 | 5.51 | 11.86 | 10.23 |
| 福 建 | 9.52 | 3.83 | 3.36 | 14.24 | 2.22 |
| 江 西 | 10.42 | 7.48 | 5.93 | 14.49 | 6.47 |
| 山 东 | 8.96 | 2.22 | 1.83 | 6.38 | 2.39 |
| 河 南 | 7.94 | -1.57 | 0.82 | 7.52 | 7.16 |
| 湖 北 | 10.83 | 6.90 | -3.17 | 15.27 | 7.13 |
| 湖 南 | 10.35 | 6.82 | 3.48 | 11.68 | 3.76 |
| 广 东 | 6.11 | 5.89 | 3.44 | 13.58 | 0.05 |
| 广 西 | 17.86 | 12.00 | 6.37 | 10.29 | -0.93 |
| 海 南 | 7.17 | 8.59 | 2.17 | 11.83 | 2.46 |
| 重 庆 | 12.27 | 3.71 | 2.26 | 13.00 | 4.74 |
| 四 川 | 11.53 | 7.17 | 8.70 | 14.30 | 5.26 |
| 贵 州 | 7.02 | 3.95 | 2.95 | 9.88 | 0.04 |
| 云 南 | 9.17 | 7.93 | 11.75 | 5.63 | 11.71 |
| 西 藏 | 18.61 | 12.43 | 6.26 | 22.57 | 17.38 |
| 陕 西 | 6.65 | 4.17 | 3.45 | 12.48 | 6.18 |
| 甘 肃 | 10.75 | -0.11 | 6.80 | 8.65 | 0.40 |
| 青 海 | 7.47 | -2.96 | 3.57 | 15.58 | 7.56 |
| 宁 夏 | 8.85 | 1.79 | -4.22 | 11.59 | 7.89 |
| 新 疆 | 5.65 | 6.74 | 8.07 | 11.15 | -0.52 |

# 3-3 全国分行业用电量

单位：万千瓦时

| 行 业 | 2022年 | 2021年 |
|---|---|---|
| **全社会用电总计** | **863687495** | **833130844** |
| A.全行业用电合计 | 730000959 | 715193027 |
| 第一产业 | 11470104 | 10384318 |
| 第二产业 | 569907934 | 562547806 |
| 第三产业 | 148622921 | 142260903 |
| B.城乡居民生活用电合计 | 133686536 | 117937817 |
| **全行业用电分类** | **730000959** | **715193027** |
| **一、农、林、牧、渔业** | **17567243** | **15965388** |
| **二、工业** | **559908220** | **552204154** |
| (一)采矿业 | 26644693 | 27857729 |
| (二)制造业 | 424113365 | 417966027 |
| (三)电力、热力、燃气及水生产和供应业 | 109150163 | 106380398 |
| **三、建筑业** | **10910794** | **11328980** |
| **四、交通运输、仓储和邮政业** | **20414056** | **19930153** |
| **五、信息传输、软件和信息技术服务业** | **13443594** | **13052210** |
| **六、批发和零售业** | **30834064** | **29339662** |
| **七、住宿和餐饮业** | **9595204** | **9356301** |
| **八、金融业** | **2059806** | **1991695** |
| **九、房地产业** | **16577530** | **16003567** |
| **十、租赁和商务服务业** | **7469158** | **7035569** |
| **十一、公共服务及管理组织** | **41221291** | **38985348** |

# 3-4 全国分行业用电增速

单位：%

| 行业 | 2022年 | 2021年 |
|---|---|---|
| **全社会用电总计** | **3.61** | **10.35** |
| A.全行业用电合计 | 1.96 | 10.83 |
| 第一产业 | 10.43 | 16.91 |
| 第二产业 | 1.17 | 9.11 |
| 第三产业 | 4.47 | 17.73 |
| B.城乡居民生活用电合计 | 13.65 | 7.52 |
| **全行业用电分类** | **1.96** | **10.83** |
| **一、农、林、牧、渔业** | **10.50** | **10.33** |
| **二、工业** | **1.26** | **9.05** |
| (一)采矿业 | 0.90 | 4.43 |
| (二)制造业 | 0.94 | 9.82 |
| (三)电力、热力、燃气及水生产和供应业 | 2.60 | 7.37 |
| **三、建筑业** | **-3.66** | **11.81** |
| **四、交通运输、仓储和邮政业** | **2.46** | **13.79** |
| **五、信息传输、软件和信息技术服务业** | **2.48** | **14.66** |
| **六、批发和零售业** | **5.10** | **22.28** |
| **七、住宿和餐饮业** | **2.58** | **21.69** |
| **八、金融业** | **3.46** | **7.95** |
| **九、房地产业** | **3.61** | **19.97** |
| **十、租赁和商务服务业** | **6.17** | **23.15** |
| **十一、公共服务及管理组织** | **5.68** | **18.67** |

# 3−5 分地区人均用电量

单位：千瓦时/人

| 地区 | 2018年 | 2019年 | 2020年 | 2021年 | 2022年 |
|---|---|---|---|---|---|
| **全国** | **4919.01** | **5149.06** | **5330.84** | **5898.86** | **6116.01** |
| 北京 | 5209.22 | 5323.58 | 5206.53 | 5632.32 | 5857.77 |
| 天津 | 6168.56 | 6347.06 | 6310.16 | 7118.01 | 7245.80 |
| 河北 | 4941.91 | 5185.31 | 5277.60 | 5759.59 | 5843.09 |
| 山西 | 6162.37 | 6463.50 | 6701.19 | 7483.25 | 7817.13 |
| 内蒙古 | 13814.38 | 15104.47 | 16184.62 | 16479.12 | 17494.75 |
| 辽宁 | 5352.50 | 5605.68 | 5678.07 | 6071.69 | 6054.34 |
| 吉林 | 2996.28 | 3164.50 | 3317.82 | 3532.38 | 3608.91 |
| 黑龙江 | 2895.87 | 3025.31 | 3150.31 | 3459.16 | 3659.74 |
| 上海 | 6341.47 | 6330.01 | 6344.44 | 7030.82 | 7032.82 |
| 江苏 | 7265.72 | 7406.87 | 7523.26 | 8363.16 | 8695.12 |
| 浙江 | 7285.74 | 7441.84 | 7527.69 | 8478.08 | 8842.43 |
| 安徽 | 3519.44 | 3781.53 | 3981.15 | 4445.03 | 4890.88 |
| 福建 | 5664.89 | 5830.21 | 5989.64 | 6796.04 | 6924.44 |
| 江西 | 3166.60 | 3401.71 | 3601.15 | 4122.44 | 4384.71 |
| 山东 | 5884.41 | 6162.33 | 6851.12 | 7260.89 | 7435.39 |
| 河南 | 3470.96 | 3404.17 | 3419.55 | 3679.29 | 3956.65 |
| 湖北 | 3504.66 | 3739.11 | 3664.64 | 4270.47 | 4536.25 |
| 湖南 | 2630.76 | 2808.77 | 2904.66 | 3247.97 | 3380.52 |
| 广东 | 5164.24 | 5391.84 | 5521.02 | 6216.71 | 6211.55 |
| 广西 | 3456.54 | 3841.94 | 4059.67 | 4450.29 | 4396.84 |
| 海南 | 3345.12 | 3590.24 | 3620.38 | 3990.80 | 4059.12 |
| 重庆 | 3547.78 | 3653.82 | 3711.82 | 4176.01 | 4371.18 |
| 四川 | 2961.46 | 3161.98 | 3427.68 | 3911.86 | 4116.70 |
| 贵州 | 3887.53 | 4017.41 | 4117.51 | 4520.75 | 4523.60 |
| 云南 | 3574.03 | 3848.92 | 4292.81 | 4545.50 | 5093.29 |
| 西藏 | 1963.58 | 2170.51 | 2271.36 | 2761.17 | 3249.93 |
| 陕西 | 4069.36 | 4856.75 | 4409.02 | 5605.79 | 6007.33 |
| 甘肃 | 5120.20 | 5127.58 | 5490.71 | 5989.58 | 6024.46 |
| 青海 | 12588.88 | 12174.45 | 12555.20 | 14450.53 | 15516.58 |
| 宁夏 | 15050.85 | 15191.28 | 14449.48 | 16023.36 | 17203.65 |
| 新疆 | 10745.94 | 11291.80 | 12048.65 | 13360.01 | 13390.84 |

# 3-6 分地区人均生活用电量

单位：千瓦时/人

| 地 区 | 2018年 | 2019年 | 2020年 | 2021年 | 2022年 |
|---|---|---|---|---|---|
| **全 国** | **690.94** | **728.11** | **775.81** | **835.04** | **946.67** |
| 北 京 | 1168.98 | 1148.32 | 1277.88 | 1308.30 | 1467.74 |
| 天 津 | 799.27 | 825.13 | 909.86 | 970.74 | 1120.49 |
| 河 北 | 666.08 | 703.41 | 742.81 | 794.46 | 918.00 |
| 山 西 | 566.14 | 610.24 | 659.38 | 718.70 | 826.83 |
| 内蒙古 | 600.17 | 582.08 | 639.59 | 677.08 | 745.02 |
| 辽 宁 | 633.02 | 661.90 | 732.86 | 760.49 | 857.64 |
| 吉 林 | 491.88 | 519.11 | 581.48 | 609.60 | 669.68 |
| 黑龙江 | 549.02 | 553.89 | 606.32 | 631.38 | 665.43 |
| 上 海 | 985.83 | 988.87 | 1035.19 | 1117.01 | 1293.01 |
| 江 苏 | 899.01 | 907.46 | 941.57 | 1026.32 | 1193.00 |
| 浙 江 | 968.93 | 1013.52 | 1071.58 | 1139.25 | 1384.20 |
| 安 徽 | 603.43 | 650.54 | 668.71 | 698.84 | 883.95 |
| 福 建 | 1076.43 | 1126.37 | 1214.50 | 1271.66 | 1335.77 |
| 江 西 | 581.95 | 636.96 | 673.97 | 711.41 | 839.21 |
| 山 东 | 664.40 | 691.88 | 716.88 | 767.98 | 877.31 |
| 河 南 | 612.71 | 617.86 | 653.88 | 703.57 | 880.79 |
| 湖 北 | 668.35 | 737.02 | 750.83 | 785.98 | 950.58 |
| 湖 南 | 691.71 | 767.63 | 801.60 | 868.78 | 969.90 |
| 广 东 | 808.85 | 868.59 | 940.19 | 1040.97 | 1067.79 |
| 广 西 | 681.77 | 746.22 | 810.63 | 879.18 | 930.88 |
| 海 南 | 596.37 | 685.32 | 724.88 | 801.18 | 832.31 |
| 重 庆 | 650.20 | 644.43 | 689.24 | 738.58 | 898.53 |
| 四 川 | 561.54 | 580.27 | 641.18 | 669.81 | 809.94 |
| 贵 州 | 746.17 | 885.01 | 941.49 | 954.39 | 1022.66 |
| 云 南 | 493.60 | 520.79 | 563.51 | 629.47 | 615.72 |
| 西 藏 | 371.29 | 487.29 | 545.10 | 621.64 | 587.29 |
| 陕 西 | 661.92 | 665.88 | 677.43 | 828.16 | 864.10 |
| 甘 肃 | 401.95 | 431.72 | 461.11 | 498.84 | 531.01 |
| 青 海 | 518.46 | 561.59 | 618.04 | 671.38 | 734.95 |
| 宁 夏 | 417.47 | 436.23 | 466.24 | 495.25 | 542.80 |
| 新 疆 | 407.09 | 452.93 | 518.80 | 653.17 | 776.40 |

# 3-7 电力企业供电量

单位：亿千瓦时

| 地 区 | 2018年 | 2019年 | 2020年 | 2021年 | 2022年 |
|---|---|---|---|---|---|
| **全 国** | **59508** | **62835** | **65232** | **72344** | **74676** |
| 北 京 | 1110 | 1131 | 1105 | 1197 | 1249 |
| 天 津 | 784 | 808 | 797 | 854 | 862 |
| 河 北 | 3358 | 3542 | 3618 | 3964 | 4000 |
| 山 西 | 1758 | 1872 | 1916 | 2167 | 2215 |
| 内蒙古 | 2106 | 2338 | 2534 | 2532 | 2756 |
| 辽 宁 | 1972 | 2050 | 2045 | 2212 | 2185 |
| 吉 林 | 648 | 667 | 691 | 728 | 730 |
| 黑龙江 | 822 | 822 | 832 | 895 | 934 |
| 上 海 | 1400 | 1411 | 1416 | 1572 | 1571 |
| 江 苏 | 5478 | 5609 | 5717 | 6401 | 6666 |
| 浙 江 | 4062 | 4235 | 4348 | 4983 | 5198 |
| 安 徽 | 1797 | 1953 | 2046 | 2353 | 2611 |
| 福 建 | 2078 | 2152 | 2234 | 2571 | 2609 |
| 江 西 | 1250 | 1348 | 1404 | 1608 | 1715 |
| 山 东 | 3999 | 4230 | 4316 | 4823 | 5042 |
| 河 南 | 2938 | 3072 | 3080 | 3375 | 3567 |
| 湖 北 | 1800 | 1939 | 1876 | 2168 | 2325 |
| 湖 南 | 1542 | 1650 | 1714 | 1938 | 2025 |
| 广 东 | 6012 | 6364 | 6547 | 7402 | 7327 |
| 广 西 | 1545 | 1683 | 1812 | 1973 | 1920 |
| 海 南 | 275 | 302 | 309 | 350 | 358 |
| 重 庆 | 941 | 975 | 1023 | 1174 | 1221 |
| 四 川 | 2265 | 2405 | 2577 | 2949 | 3163 |
| 贵 州 | 1693 | 1819 | 1977 | 1946 | 2180 |
| 云 南 | 2627 | 2902 | 3015 | 2991 | 3078 |
| 西 藏 | 69 | 77 | 82 | 101 | 118 |
| 陕 西 | 1259 | 1343 | 1879 | 2202 | 1861 |
| 甘 肃 | 939 | 957 | 1043 | 1155 | 1190 |
| 青 海 | 711 | 690 | 719 | 830 | 895 |
| 宁 夏 | 708 | 727 | 729 | 850 | 913 |
| 新 疆 | 1162 | 1312 | 1375 | 1633 | 1723 |
| 跨 区 | 402 | 453 | 453 | 450 | 468 |

注：新疆为新疆电力公司上报公司口径数据。

# 3-8 电力企业售电量

单位：亿千瓦时

| 地 区 | 2018年 | 2019年 | 2020年 | 2021年 | 2022年 |
|---|---|---|---|---|---|
| **全 国** | **55777** | **59111** | **61581** | **68541** | **71074** |
| 北 京 | 1037 | 1062 | 1058 | 1148 | 1200 |
| 天 津 | 731 | 757 | 759 | 818 | 837 |
| 河 北 | 3134 | 3316 | 3406 | 3747 | 3812 |
| 山 西 | 1658 | 1769 | 1817 | 2058 | 2133 |
| 内蒙古 | 2017 | 2251 | 2438 | 2436 | 2649 |
| 辽 宁 | 1853 | 1934 | 1942 | 2116 | 2114 |
| 吉 林 | 601 | 619 | 641 | 676 | 695 |
| 黑龙江 | 757 | 751 | 765 | 828 | 865 |
| 上 海 | 1326 | 1380 | 1356 | 1508 | 1523 |
| 江 苏 | 5297 | 5421 | 5529 | 6194 | 6461 |
| 浙 江 | 3903 | 4074 | 4186 | 4803 | 5033 |
| 安 徽 | 1672 | 1822 | 1919 | 2216 | 2471 |
| 福 建 | 2003 | 2074 | 2150 | 2476 | 2514 |
| 江 西 | 1163 | 1262 | 1345 | 1541 | 1646 |
| 山 东 | 3766 | 3996 | 4130 | 4656 | 4878 |
| 河 南 | 2708 | 2840 | 2851 | 3138 | 3368 |
| 湖 北 | 1678 | 1810 | 1776 | 2066 | 2218 |
| 湖 南 | 1416 | 1518 | 1578 | 1784 | 1889 |
| 广 东 | 5752 | 6118 | 6309 | 7140 | 7074 |
| 广 西 | 1455 | 1597 | 1729 | 1882 | 1833 |
| 海 南 | 255 | 284 | 292 | 332 | 340 |
| 重 庆 | 878 | 925 | 972 | 1116 | 1167 |
| 四 川 | 2074 | 2218 | 2372 | 2729 | 2947 |
| 贵 州 | 1585 | 1733 | 1882 | 1859 | 2079 |
| 云 南 | 2495 | 2780 | 2885 | 2868 | 2961 |
| 西 藏 | 60 | 67 | 71 | 85 | 101 |
| 陕 西 | 1184 | 1264 | 1781 | 2112 | 1775 |
| 甘 肃 | 879 | 896 | 978 | 1087 | 1132 |
| 青 海 | 684 | 664 | 693 | 798 | 868 |
| 宁 夏 | 684 | 701 | 704 | 820 | 882 |
| 新 疆 | 1072 | 1209 | 1268 | 1507 | 1611 |
| 跨 区 | | | | | |

注：新疆为新疆电力公司上报公司口径数据。

# 3–9 电力企业线损电量

单位：亿千瓦时

| 地 区 | 2018年 | 2019年 | 2020年 | 2021年 | 2022年 |
|---|---|---|---|---|---|
| **全 国** | **3731** | **3724** | **3651** | **3803** | **3602** |
| 北 京 | 73 | 70 | 48 | 49 | 49 |
| 天 津 | 53 | 51 | 38 | 37 | 25 |
| 河 北 | 223 | 226 | 212 | 217 | 189 |
| 山 西 | 100 | 103 | 100 | 109 | 81 |
| 内蒙古 | 88 | 87 | 96 | 97 | 107 |
| 辽 宁 | 118 | 116 | 102 | 95 | 71 |
| 吉 林 | 48 | 48 | 50 | 52 | 35 |
| 黑龙江 | 65 | 72 | 67 | 67 | 69 |
| 上 海 | 74 | 31 | 61 | 64 | 49 |
| 江 苏 | 181 | 188 | 189 | 208 | 205 |
| 浙 江 | 159 | 160 | 162 | 180 | 165 |
| 安 徽 | 125 | 131 | 127 | 136 | 140 |
| 福 建 | 75 | 79 | 84 | 95 | 95 |
| 江 西 | 86 | 86 | 59 | 67 | 69 |
| 山 东 | 233 | 234 | 187 | 167 | 164 |
| 河 南 | 230 | 232 | 229 | 238 | 200 |
| 湖 北 | 121 | 129 | 100 | 102 | 107 |
| 湖 南 | 126 | 131 | 137 | 154 | 136 |
| 广 东 | 260 | 246 | 238 | 262 | 254 |
| 广 西 | 90 | 86 | 84 | 90 | 86 |
| 海 南 | 20 | 18 | 17 | 19 | 19 |
| 重 庆 | 63 | 50 | 51 | 58 | 54 |
| 四 川 | 190 | 187 | 205 | 220 | 216 |
| 贵 州 | 108 | 85 | 95 | 87 | 101 |
| 云 南 | 133 | 122 | 130 | 123 | 117 |
| 西 藏 | 9 | 10 | 11 | 16 | 18 |
| 陕 西 | 75 | 79 | 98 | 89 | 86 |
| 甘 肃 | 60 | 60 | 65 | 68 | 58 |
| 青 海 | 27 | 26 | 27 | 32 | 28 |
| 宁 夏 | 25 | 25 | 25 | 30 | 32 |
| 新 疆 | 90 | 103 | 106 | 126 | 111 |
| 跨 区 | 402 | 453 | 453 | 450 | 468 |

注：新疆为新疆电力公司上报公司口径数据。

# 3-10 电力企业线损率

单位：%

| 地 区 | 2018年 | 2019年 | 2020年 | 2021年 | 2022年 |
|---|---|---|---|---|---|
| **全 国** | **6.27** | **5.93** | **5.60** | **5.26** | **4.82** |
| 北 京 | 6.55 | 6.15 | 4.32 | 4.10 | 3.96 |
| 天 津 | 6.71 | 6.30 | 4.75 | 4.29 | 2.90 |
| 河 北 | 6.65 | 6.39 | 5.86 | 5.47 | 4.71 |
| 山 西 | 5.68 | 5.50 | 5.19 | 5.04 | 3.67 |
| 内蒙古 | 4.20 | 3.71 | 3.78 | 3.82 | 3.87 |
| 辽 宁 | 6.01 | 5.67 | 5.01 | 4.30 | 3.27 |
| 吉 林 | 7.39 | 7.21 | 7.20 | 7.16 | 4.85 |
| 黑龙江 | 7.86 | 8.70 | 8.00 | 7.50 | 7.40 |
| 上 海 | 5.30 | 2.23 | 4.29 | 4.09 | 3.09 |
| 江 苏 | 3.31 | 3.34 | 3.30 | 3.25 | 3.07 |
| 浙 江 | 3.92 | 3.79 | 3.72 | 3.62 | 3.17 |
| 安 徽 | 6.94 | 6.70 | 6.20 | 5.80 | 5.35 |
| 福 建 | 3.63 | 3.65 | 3.75 | 3.68 | 3.64 |
| 江 西 | 6.91 | 6.37 | 4.20 | 4.15 | 4.00 |
| 山 东 | 5.83 | 5.53 | 4.33 | 3.46 | 3.25 |
| 河 南 | 7.84 | 7.55 | 7.45 | 7.05 | 5.60 |
| 湖 北 | 6.75 | 6.63 | 5.34 | 4.70 | 4.60 |
| 湖 南 | 8.16 | 7.96 | 7.98 | 7.94 | 6.73 |
| 广 东 | 4.32 | 3.87 | 3.63 | 3.53 | 3.46 |
| 广 西 | 5.81 | 5.09 | 4.61 | 4.58 | 4.75 |
| 海 南 | 7.17 | 6.02 | 5.53 | 5.34 | 5.23 |
| 重 庆 | 6.73 | 5.15 | 4.99 | 4.93 | 4.42 |
| 四 川 | 8.41 | 7.78 | 7.94 | 7.47 | 6.83 |
| 贵 州 | 6.36 | 4.69 | 4.81 | 4.45 | 4.65 |
| 云 南 | 5.05 | 4.20 | 4.31 | 4.12 | 3.81 |
| 西 藏 | 12.92 | 12.80 | 13.10 | 15.64 | 14.99 |
| 陕 西 | 5.99 | 5.90 | 5.22 | 4.06 | 4.60 |
| 甘 肃 | 6.36 | 6.30 | 6.25 | 5.87 | 4.90 |
| 青 海 | 3.74 | 3.70 | 3.70 | 3.89 | 3.08 |
| 宁 夏 | 3.51 | 3.50 | 3.49 | 3.49 | 3.46 |
| 新 疆 | 7.75 | 7.85 | 7.75 | 7.70 | 6.46 |
| 跨 区 | | | | | |

注：新疆为新疆电力公司上报公司口径数据。

# 3-11 全国跨区域送出电量

单位：万千瓦时

| 地　　区 | 2018年 | 2019年 | 2020年 | 2021年 | 2022年 |
|---|---|---|---|---|---|
| **全　国** | **48188629** | **54042816** | **64738159** | **68239070** | **76741746** |
| **一、华北** | **4874130** | **6293898** | **7457249** | **7542965** | **10080808** |
| 1.东北 | | | 508935 | 444813 | 508658 |
| 2.华中 | 378004 | 388232 | 399874 | 472815 | 370522 |
| 3.华东 | 4030240 | 5568415 | 6166769 | 6207743 | 8615177 |
| 4.西北 | 339865 | 202992 | 243174 | 280432 | 443748 |
| 5.蒙古国 | 126021 | 134259 | 138497 | 137162 | 142703 |
| **二、东北** | **3530583** | **4527260** | **5755034** | **4847142** | **5350577** |
| 1.华北 | 3530421 | 4527144 | 5754933 | 4847137 | 5350577 |
| 2.朝鲜 | 162 | 116 | 101 | 5 | |
| **三、华东** | **1269** | **2333** | **1598** | **1048** | **44075** |
| 1.华中 | 42 | 146 | 143 | 181 | 181 |
| 2.西南 | 138 | 47 | 4 | 13 | 9 |
| 3.南方 | 1089 | 2139 | 1451 | 853 | 43885 |
| 4.西北 | | 1 | | | |
| **四、华中** | **6530254** | **6399932** | **7024218** | **7402068** | **6568307** |
| 1.华北 | 258669 | 102343 | 122476 | 79382 | 65970 |
| 2.华东 | 3689264 | 3672576 | 4088609 | 3862557 | 2802173 |
| 3.西北 | 64 | 28 | 70 | 218 | 27617 |
| 4.西南 | 156122 | 200812 | 406186 | 899900 | 1199174 |
| 5.南方 | 2426135 | 2424173 | 2406878 | 2560011 | 2473374 |

3-11　续表　　单位：万千瓦时

| 地　区 | 2018年 | 2019年 | 2020年 | 2021年 | 2022年 |
|---|---|---|---|---|---|
| **五、西北** | **16642961** | **20183033** | **27669180** | **31558707** | **31203035** |
| 1.华北 | 5355897 | 6479422 | 9484226 | 10161969 | 8216061 |
| 2.华东 | 4252967 | 5621797 | 9378589 | 10547814 | 11826367 |
| 3.华中 | 5987676 | 6960575 | 7613485 | 9532823 | 9975021 |
| 4.西南 | 1045736 | 1120555 | 1192131 | 1315155 | 1184612 |
| 5.蒙古国 | 685 | 684 | 749 | 946 | 974 |
| **六、西南** | **11561930** | **11201721** | **11524174** | **11797300** | **16329272** |
| 1.华东 | 10104218 | 10081873 | 10124088 | 9165348 | 10692995 |
| 2.华中 | 513364 | 492256 | 512278 | 1931572 | 2665570 |
| 3.西北 | 943305 | 624493 | 877018 | 700128 | 429483 |
| 4.南方 | 1043 | 3099 | 10789 | 253 | 2541224 |
| **七、南方** | **5047502** | **5434639** | **5306706** | **5089839** | **7165672** |
| 1.华东 | | | | | 22340 |
| 2.华中 | 871263 | 1030281 | 1048723 | 987046 | 803064 |
| 3.西南 | 2190067 | 2359040 | 2184036 | 2220431 | 4467235 |
| 4.香港特别行政区 | 1290026 | 1271594 | 1307801 | 1282419 | 1256487 |
| 5.澳门特别行政区 | 491104 | 497610 | 485260 | 519231 | 487596 |
| 6.越南 | 172366 | 222211 | 194243 | 3 | 68044 |
| 7.缅甸 | 30836 | 53041 | 76968 | 80524 | 59615 |
| 8.老挝 | 1839 | 862 | 9675 | 184 | 1292 |

# 3-12 全国跨区域送出电量增速

单位：%

| 地 区 | 2018年 | 2019年 | 2020年 | 2021年 | 2022年 |
|---|---|---|---|---|---|
| **全 国** | **13.77** | **12.15** | **13.35** | **5.77** | **7.26** |
| **一、华北** | **48.93** | **32.31** | **8.96** | **4.11** | **42.02** |
| 1.东北 | | | -7.46 | -12.60 | |
| 2.华中 | 21.79 | 2.71 | 3.00 | 18.24 | -21.63 |
| 3.华东 | 53.64 | 38.17 | 10.75 | 4.25 | 38.78 |
| 4.西北 | 56.27 | -8.77 | 19.79 | 15.32 | 58.24 |
| 5.蒙古国 | 3.46 | 6.54 | 3.16 | -0.96 | 4.04 |
| **二、东北** | **59.94** | **28.23** | **6.96** | **-15.78** | **10.39** |
| 1.华北 | 59.94 | 28.23 | 6.96 | -15.77 | 10.39 |
| 2.朝鲜 | 7.86 | -28.43 | -12.93 | -94.81 | -100.00 |
| **三、华东** | **-47.56** | **83.85** | **-31.50** | **-34.44** | **4106.98** |
| 1.华中 | 82.61 | 247.62 | -2.05 | 26.57 | |
| 2.西南 | 345.16 | -65.94 | -91.49 | 227.16 | -34.64 |
| 3.南方 | -53.66 | 96.42 | -32.16 | -41.21 | 5044.81 |
| 4.西北 | -100.00 | | | | |
| **四、华中** | **-1.80** | **-2.00** | **9.75** | **5.38** | **-11.26** |
| 1.华北 | -24.70 | -60.43 | 19.67 | -35.19 | -16.90 |
| 2.华东 | 5.69 | -0.45 | 11.33 | -5.53 | -27.45 |
| 3.西北 | -24.71 | -55.38 | 156.96 | 215.02 | 12563.03 |
| 4.西南 | -54.37 | 28.63 | 102.27 | 121.55 | 33.26 |
| 5.南方 | -1.90 | -0.08 | -0.71 | 6.36 | -3.38 |

3-12 续表

单位：%

| 地 区 | 2018年 | 2019年 | 2020年 | 2021年 | 2022年 |
|---|---|---|---|---|---|
| **五、西北** | **28.58** | **20.42** | **26.62** | **14.06** | **1.40** |
| 1.华北 | 4.53 | 18.38 | 16.40 | 7.15 | -33.33 |
| 2.华东 | 111.32 | 32.19 | 66.83 | 12.47 | 41.01 |
| 3.华中 | 14.86 | 16.25 | 9.38 | 25.21 | 14.03 |
| 4.西南 | 76.18 | 7.15 | 6.39 | 10.32 | -9.93 |
| 5.蒙古国 | 31.23 | -0.15 | 9.50 | 26.20 | 2.96 |
| **六、西南** | **-6.41** | **-3.12** | **2.88** | **2.44** | **13.35** |
| 1.华东 | -8.20 | -0.22 | 0.42 | -9.47 | 16.67 |
| 2.华中 | -9.78 | -4.11 | 4.07 | 277.06 | 38.00 |
| 3.西北 | 21.30 | -33.80 | 40.44 | -20.17 | -38.66 |
| 4.南方 | 101.35 | 197.16 | 248.10 | -92.54 | -2.62 |
| **七、南方** | **2.48** | **7.67** | **-2.35** | **-4.09** | **2.14** |
| 1.华东 | | | | | |
| 2.华中 | -4.08 | 18.25 | 1.79 | -5.88 | -18.64 |
| 3.西南 | 1.31 | 7.72 | -7.42 | 1.67 | 7.67 |
| 4.香港特别行政区 | -1.05 | -1.43 | 2.85 | -1.94 | -2.02 |
| 5.澳门特别行政区 | 24.28 | 1.32 | -2.48 | 7.00 | -6.09 |
| 6.越南 | 30.36 | 28.92 | -12.59 | -100.00 | 2412808.51 |
| 7.缅甸 | 56.53 | 72.01 | 45.11 | 4.62 | -23.50 |
| 8.老挝 | -59.64 | -53.12 | 1022.10 | -98.10 | 498.07 |

# 3-13 全国跨省送出电量

单位:万千瓦时

| 地 区 | 2018年 | 2019年 | 2020年 | 2021年 | 2022年 |
|---|---|---|---|---|---|
| **全 国** | **129514626** | **144408266** | **153355997** | **160329094** | **177537831** |
| 北 京 | 68415 | 38514 | 47528 | 26422 | 17193 |
| 天 津 | 1719348 | 1566698 | 1873341 | 2260257 | 2283602 |
| 河 北 | 4375859 | 4877294 | 5566411 | 6168699 | 7446210 |
| 山 西 | 11061722 | 12652078 | 11154399 | 12924738 | 15380483 |
| 内蒙古 | 18055375 | 20817990 | 23107674 | 24670185 | 26312979 |
| 辽 宁 | 3028327 | 3029323 | 2455168 | 2230978 | 2146268 |
| 吉 林 | 2800281 | 3068250 | 3539405 | 3095740 | 3262316 |
| 黑龙江 | 1603410 | 2085447 | 2217277 | 2003420 | 1900083 |
| 上 海 | 1453069 | 1377287 | 1141226 | 906399 | 603981 |
| 江 苏 | 1416915 | 1761892 | 1415638 | 1901937 | 2490698 |
| 浙 江 | 2065036 | 2112465 | 1476985 | 1696737 | 1653385 |
| 安 徽 | 6458139 | 7294943 | 7821715 | 8662802 | 8918170 |
| 福 建 | 1493639 | 1718584 | 1549782 | 1006881 | 1795531 |
| 江 西 | 2185 | 2368 | 359 | 84971 | 829623 |
| 山 东 | 119924 | 72757 | 70635 | 96742 | 16983 |
| 河 南 | 235287 | 181834 | 234378 | 670984 | 912190 |
| 湖 北 | 8673393 | 8395925 | 9741927 | 9438630 | 7235806 |
| 湖 南 | 732806 | 857641 | 728521 | 1040909 | 1272672 |
| 广 东 | 1791564 | 1775851 | 1799769 | 1808626 | 1787382 |
| 广 西 | 1199615 | 1112514 | 1158358 | 909611 | 1296603 |
| 海 南 | 8939 | 5107 | 7287 | 10105 | 20389 |
| 重 庆 | 632248 | 593170 | 631515 | 886100 | 695767 |
| 四 川 | 14058320 | 13831273 | 14258572 | 14163367 | 18918310 |
| 贵 州 | 6349901 | 7177452 | 7420801 | 6643667 | 5913287 |
| 云 南 | 15789781 | 16638387 | 16643040 | 16402367 | 18205775 |
| 西 藏 | 88280 | 173084 | 181361 | 255412 | 225456 |
| 陕 西 | 4332756 | 5449729 | 6040000 | 7403519 | 13099770 |
| 甘 肃 | 6102744 | 7392640 | 7873207 | 7926684 | 8340564 |
| 青 海 | 1571707 | 2452393 | 2728866 | 2969715 | 2532162 |
| 宁 夏 | 7304220 | 9124350 | 10871084 | 10470979 | 9864448 |
| 新 疆 | 4921421 | 6671026 | 9599769 | 11591510 | 12159745 |

# 3-14 全国跨省送出电量增速

单位:%

| 地 区 | 2018年 | 2019年 | 2020年 | 2021年 | 2022年 |
|---|---|---|---|---|---|
| **全 国** | **14.62** | **11.40** | **7.73** | **4.79** | **4.33** |
| 北 京 | 27.93 | -43.71 | 23.40 | -44.41 | -34.93 |
| 天 津 | 142.52 | -8.88 | 19.57 | 20.65 | 1.03 |
| 河 北 | 0.29 | 11.46 | 14.13 | 16.95 | 20.61 |
| 山 西 | 18.37 | 14.38 | 5.27 | 16.50 | 19.00 |
| 内蒙古 | 16.77 | 15.30 | 11.00 | 6.76 | 6.66 |
| 辽 宁 | -1.07 | 0.03 | -18.95 | -9.13 | -3.80 |
| 吉 林 | 27.70 | 9.57 | 15.36 | -12.54 | 5.38 |
| 黑龙江 | 20.98 | 30.06 | 6.32 | -9.65 | -5.16 |
| 上 海 | 22.74 | -5.22 | -17.14 | -20.58 | -33.36 |
| 江 苏 | 8.37 | 24.35 | -19.65 | 34.35 | 30.96 |
| 浙 江 | 28.68 | 2.30 | -30.08 | 14.88 | -2.56 |
| 安 徽 | 16.36 | 12.96 | 7.22 | 10.75 | 2.95 |
| 福 建 | 98.24 | 15.06 | -9.82 | -35.03 | 78.33 |
| 江 西 | -57.23 | 8.38 | -84.84 | 23568.92 | 876.35 |
| 山 东 | 426.88 | -39.33 | -2.92 | 36.96 | -82.45 |
| 河 南 | -24.24 | -22.72 | 28.90 | 186.28 | 35.95 |
| 湖 北 | -0.02 | -3.20 | 16.03 | -3.11 | -23.34 |
| 湖 南 | -4.43 | 17.04 | -15.06 | 42.88 | 22.27 |
| 广 东 | 4.92 | -0.88 | 1.35 | 0.49 | -1.17 |
| 广 西 | 16.63 | -7.26 | 4.12 | -21.47 | 42.54 |
| 海 南 | 17.48 | -42.86 | 42.68 | 38.68 | 101.76 |
| 重 庆 | -10.95 | -6.18 | 6.46 | 40.31 | -21.48 |
| 四 川 | -1.63 | -1.62 | 3.09 | -0.62 | 12.79 |
| 贵 州 | 1.30 | 13.03 | 3.39 | -10.47 | -10.99 |
| 云 南 | 10.06 | 5.37 | 0.03 | -1.45 | -1.94 |
| 西 藏 | -4.81 | 96.06 | 4.78 | 40.83 | -11.73 |
| 陕 西 | 8.69 | 22.45 | 10.84 | 22.57 | 5.03 |
| 甘 肃 | 67.55 | 21.14 | 6.50 | 0.68 | 5.22 |
| 青 海 | 187.34 | 56.03 | 11.27 | 8.87 | -14.73 |
| 宁 夏 | 38.58 | 24.92 | 19.14 | -3.68 | -5.79 |
| 新 疆 | 11.86 | 37.58 | 41.78 | 20.75 | 4.90 |

# 3-15 全国进出口电量

单位：万千瓦时

| 项　　目 | 2018年 | 2019年 | 2020年 | 2021年 | 2022年 |
|---|---|---|---|---|---|
| **进出口电量合计** | **2624417** | **2626582** | **2665761** | **2558407** | **2654377** |
| **(一)进口** | **511376** | **446207** | **452466** | **537932** | **637667** |
| 黑龙江购俄罗斯 | 307671 | 306807 | 302804 | 393174 | 464574 |
| 广东购香港特别行政区 | 60243 | | | 4030 | |
| 云南购缅甸 | 143462 | 139292 | 149662 | 140728 | 173093 |
| 云南购老挝 | | 107 | | | |
| **(二)出口** | **2113040** | **2180375** | **2213295** | **2020475** | **2016710** |
| 吉林送朝鲜 | 163 | 114 | 102 | 5 | |
| 广东送香港特别行政区 | 1290026 | 1271594 | 1307801 | 1282419 | 1256487 |
| 广东售澳门特别行政区 | 491104 | 497610 | 485260 | 519231 | 487596 |
| 云南送越南 | 172366 | 222211 | 194243 | 3 | 68044 |
| 云南送缅甸 | 30836 | 53041 | 76968 | 80524 | 59615 |
| 云南送老挝 | 1839 | 862 | 9675 | 184 | 1292 |
| 内蒙古送蒙古国 | 126021 | 134259 | 138497 | 137162 | 142703 |
| 新疆送蒙古国 | 685 | 684 | 749 | 946 | 974 |

# 3-16 全国进出口电量增速

单位：%

| 项　　目 | 2018年 | 2019年 | 2020年 | 2021年 | 2022年 |
|---|---|---|---|---|---|
| **进出口电量合计** | **1.87** | **0.08** | **1.49** | **-4.03** | **3.86** |
| **(一)进口** | **-14.54** | **-12.74** | **1.40** | **18.89** | **18.54** |
| 黑龙江购俄罗斯 | -6.29 | -0.28 | -1.30 | 29.84 | 18.16 |
| 广东购香港特别行政区 | -53.39 | -100.00 | | | -100.00 |
| 云南购缅甸 | 1.90 | -2.91 | 7.44 | -5.97 | 23.00 |
| **(二)出口** | **6.84** | **3.19** | **1.51** | **-8.71** | **-0.06** |
| 吉林送朝鲜 | 9.40 | -30.06 | -10.53 | -94.87 | -100.00 |
| 广东送香港特别行政区 | -1.05 | -1.43 | 2.85 | -1.94 | -2.02 |
| 广东售澳门特别行政区 | 24.28 | 1.32 | -2.48 | 7.00 | -6.09 |
| 云南送越南 | 30.36 | 28.92 | -12.59 | -100.00 | 2412808.51 |
| 云南送缅甸 | 56.53 | 72.01 | 45.11 | 4.62 | -23.50 |
| 云南送老挝 | -59.64 | -53.12 | 1022.10 | -98.10 | 498.07 |
| 内蒙古送蒙古国 | 3.46 | 6.54 | 3.16 | -0.96 | 4.04 |
| 新疆送蒙古国 | 31.23 | -0.15 | 9.50 | 26.20 | 2.96 |

# 3-17 2022年分地区

| 地 区 | 全社会用电总计 | A.全行业用电合计 | 第一产业 |
|---|---|---|---|
| **全 国** | **863687495** | **730000959** | **11470104** |
| 北 京 | 12808016 | 9598801 | 91235 |
| 天 津 | 9912248 | 8379420 | 149829 |
| 河 北 | 43437542 | 36613156 | 678057 |
| 山 西 | 27207505 | 24329737 | 229616 |
| 内蒙古 | 41996140 | 40207730 | 397818 |
| 辽 宁 | 25506946 | 21893695 | 494666 |
| 吉 林 | 8522443 | 6941004 | 198122 |
| 黑龙江 | 11389121 | 9318303 | 289230 |
| 上 海 | 17455467 | 14246213 | 63327 |
| 江 苏 | 73995451 | 63842985 | 734160 |
| 浙 江 | 57993087 | 48914823 | 290690 |
| 安 徽 | 29932205 | 24522457 | 471183 |
| 福 建 | 28996088 | 23402554 | 495368 |
| 江 西 | 19829833 | 16034501 | 153034 |
| 山 东 | 75591928 | 66672724 | 1166670 |
| 河 南 | 39081841 | 30381795 | 711404 |
| 湖 北 | 26478084 | 20929572 | 349597 |
| 湖 南 | 22355407 | 15941476 | 266308 |
| 广 东 | 78703382 | 65173914 | 1487501 |
| 广 西 | 22168857 | 17475354 | 427448 |
| 海 南 | 4154512 | 3302639 | 207727 |
| 重 庆 | 14042404 | 11155888 | 72046 |
| 四 川 | 34469158 | 27687571 | 282258 |
| 贵 州 | 17433961 | 13492642 | 183145 |
| 云 南 | 23895168 | 21006512 | 250059 |
| 西 藏 | 1186225 | 971864 | 8823 |
| 陕 西 | 23759005 | 20341498 | 225041 |
| 甘 肃 | 15006933 | 13684192 | 156631 |
| 青 海 | 9224605 | 8787679 | 12800 |
| 宁 夏 | 12498449 | 12104107 | 123901 |
| 新 疆 | 34655482 | 32646153 | 802411 |

# 全社会用电量分类

单位：万千瓦时

| 第二产业 | 第三产业 | B.城乡居民生活用电合计 |
|---|---|---|
| **569907934** | **148622921** | **133686536** |
| 3051841 | 6455725 | 3209216 |
| 6173593 | 2055998 | 1532827 |
| 27785110 | 8149989 | 6824386 |
| 20532520 | 3567601 | 2877768 |
| 36835539 | 2974372 | 1788411 |
| 17358201 | 4040828 | 3613251 |
| 4856693 | 1886189 | 1581439 |
| 6808469 | 2220604 | 2070818 |
| 8290215 | 5892671 | 3209254 |
| 51269418 | 11839407 | 10152466 |
| 38979371 | 9644761 | 9078265 |
| 18766980 | 5284294 | 5409748 |
| 18246420 | 4660766 | 5593534 |
| 12408383 | 3473085 | 3795332 |
| 56736472 | 8769582 | 8919204 |
| 22291606 | 7378785 | 8700046 |
| 15419775 | 5160200 | 5548512 |
| 11232738 | 4442431 | 6413931 |
| 46361770 | 17324642 | 13529468 |
| 13692593 | 3355313 | 4693503 |
| 1638032 | 1456880 | 851873 |
| 7781570 | 3302272 | 2886516 |
| 21224293 | 6181020 | 6781588 |
| 10157973 | 3151524 | 3941319 |
| 17653589 | 3102864 | 2888656 |
| 602412 | 360629 | 214362 |
| 15770529 | 4345929 | 3417507 |
| 11058535 | 2469027 | 1322741 |
| 8224424 | 550455 | 436926 |
| 11022362 | 957844 | 394342 |
| 27676508 | 4167235 | 2009329 |

# 3-18 分地区35千伏及以上输电线路回路长度

单位：千米

| 地 区 | 2018年 | 2019年 | 2020年 | 2021年 | 2022年 |
|---|---|---|---|---|---|
| **全 国** | **1888670** | **1975312** | **2156170** | **2228138** | **2286830** |
| 北 京 | 10898 | 12011 | 11656 | 11351 | 11434 |
| 天 津 | 11998 | 12570 | 14628 | 15673 | 15941 |
| 河 北 | 103845 | 108469 | 117437 | 121883 | 123003 |
| 山 西 | 76998 | 79269 | 86612 | 88415 | 91116 |
| 内蒙古 | 114898 | 119677 | 128164 | 128927 | 133703 |
| 辽 宁 | 63001 | 64163 | 66842 | 68023 | 70099 |
| 吉 林 | 38615 | 39685 | 41451 | 42680 | 43297 |
| 黑龙江 | 60185 | 61750 | 63560 | 64898 | 65812 |
| 上 海 | 10097 | 10308 | 10322 | 10507 | 10496 |
| 江 苏 | 95621 | 98644 | 107906 | 112838 | 112836 |
| 浙 江 | 65985 | 69153 | 73225 | 73353 | 75612 |
| 安 徽 | 73017 | 77308 | 83036 | 88007 | 93521 |
| 福 建 | 49500 | 52198 | 54913 | 56935 | 58995 |
| 江 西 | 51994 | 54354 | 60536 | 65179 | 67049 |
| 山 东 | 105715 | 111322 | 121596 | 128202 | 130630 |
| 河 南 | 78430 | 83163 | 94838 | 97794 | 99904 |
| 湖 北 | 72551 | 73760 | 78669 | 81195 | 85098 |
| 湖 南 | 69207 | 71706 | 77063 | 80323 | 82968 |
| 广 东 | 82207 | 82129 | 86482 | 91940 | 90385 |
| 广 西 | 75733 | 78287 | 83416 | 85115 | 84373 |
| 海 南 | 10595 | 10694 | 11022 | 11289 | 11605 |
| 重 庆 | 37380 | 37746 | 39730 | 40713 | 42959 |
| 四 川 | 97087 | 99723 | 112379 | 119123 | 122676 |
| 贵 州 | 55580 | 57959 | 56490 | 56042 | 62644 |
| 云 南 | 91397 | 91813 | 94441 | 97210 | 99060 |
| 西 藏 | 23415 | 25171 | 37340 | 37457 | 37234 |
| 陕 西 | 44327 | 62763 | 65416 | 65771 | 74534 |
| 甘 肃 | 65225 | 68877 | 80564 | 80778 | 81892 |
| 青 海 | 31708 | 34553 | 40934 | 44175 | 45939 |
| 宁 夏 | 18547 | 19041 | 32268 | 33743 | 32715 |
| 新 疆 | 81047 | 85176 | 99530 | 104844 | 105596 |
| 跨 区 | 21867 | 21867 | 23707 | 23755 | 23707 |

# 3-19 分电压等级35千伏及以上输电线路回路长度

单位：千米

| 电压等级 | 2018年 | 2019年 | 2020年 | 2021年 | 2022年 |
| --- | --- | --- | --- | --- | --- |
| **总 计** | **1888670** | **1975312** | **2156170** | **2228138** | **2286830** |
| **一、直流工程** | **38648** | **42364** | **46324** | **48544** | **55219** |
| ±1100千伏 | 304 | 3295 | 3295 | 3903 | 3903 |
| ±800千伏 | 21324 | 21907 | 24980 | 27304 | 32517 |
| ±660千伏 | 1334 | 1334 | 1334 | 1441 | 1441 |
| ±500千伏 | 13540 | 13733 | 14783 | 14590 | 16033 |
| ±400千伏 | 1640 | 1639 | 1639 | 1031 | 1031 |
| ±400千伏以下 | 506 | 457 | 293 | 274 | 293 |
| **二、交流工程** | **1850022** | **1932947** | **2109846** | **2179595** | **2231612** |
| 1000千伏 | 10396 | 10872 | 13361 | 14626 | 16089 |
| 750千伏 | 20543 | 23256 | 25046 | 26754 | 28161 |
| 500千伏 | 187158 | 195636 | 203058 | 211042 | 219274 |
| 330千伏 | 30477 | 32314 | 36597 | 35569 | 37023 |
| 220千伏 | 434493 | 454585 | 488543 | 508091 | 520929 |
| 110千伏(含66千伏) | 652891 | 684406 | 752563 | 778479 | 803413 |
| 35千伏 | 514066 | 531880 | 590678 | 605033 | 606723 |

# 3-20 分地区35千伏及以上

| 地 区 | 2018年 | | 2019年 | |
|---|---|---|---|---|
| | 座数（座） | 铭牌容量（万千伏安） | 座数（座） | 铭牌容量（万千伏安） |
| **全 国** | **71833** | **699819** | **73978** | **747833** |
| 北 京 | 745 | 13170 | 738 | 16291 |
| 天 津 | 1371 | 10607 | 1423 | 11507 |
| 河 北 | 4263 | 41713 | 4320 | 43359 |
| 山 西 | 2856 | 24668 | 2895 | 24729 |
| 内蒙古 | 2417 | 29502 | 2502 | 33104 |
| 辽 宁 | 2756 | 26395 | 2793 | 27490 |
| 吉 林 | 1408 | 8142 | 1420 | 8346 |
| 黑龙江 | 2190 | 10154 | 2226 | 10462 |
| 上 海 | 1879 | 20901 | 1932 | 21487 |
| 江 苏 | 5439 | 65212 | 5513 | 68178 |
| 浙 江 | 3259 | 46772 | 3325 | 49508 |
| 安 徽 | 3285 | 23282 | 3402 | 26618 |
| 福 建 | 1743 | 19623 | 1874 | 21299 |
| 江 西 | 1760 | 13125 | 1798 | 13951 |
| 山 东 | 6396 | 53507 | 6513 | 56909 |
| 河 南 | 3581 | 33717 | 3734 | 35687 |
| 湖 北 | 2733 | 22146 | 2875 | 24370 |
| 湖 南 | 2582 | 16396 | 2632 | 18727 |
| 广 东 | 2715 | 54139 | 3196 | 58343 |
| 广 西 | 2568 | 13619 | 2636 | 15183 |
| 海 南 | 353 | 2329 | 356 | 2437 |
| 重 庆 | 1234 | 12560 | 1258 | 13510 |
| 四 川 | 2956 | 30061 | 3023 | 30955 |
| 贵 州 | 1846 | 12845 | 1936 | 13616 |
| 云 南 | 2514 | 17194 | 2500 | 17908 |
| 西 藏 | 377 | 1761 | 382 | 1881 |
| 陕 西 | 1891 | 14561 | 1935 | 15914 |
| 甘 肃 | 1553 | 14326 | 1568 | 15039 |
| 青 海 | 591 | 8002 | 622 | 8159 |
| 宁 夏 | 658 | 9899 | 668 | 10466 |
| 新 疆 | 1877 | 17108 | 1946 | 19844 |
| 跨 区 | 37 | 12383 | 37 | 12558 |

# 变压器情况

| 2020年 | | 2021年 | | 2022年 | |
|---|---|---|---|---|---|
| 座数<br>(座) | 铭牌容量<br>(万千伏安) | 座数<br>(座) | 铭牌容量<br>(万千伏安) | 座数<br>(座) | 铭牌容量<br>(万千伏安) |
| **76917** | **812893** | **78924** | **862767** | **81695** | **907903** |
| 725 | 14857 | 745 | 15200 | 754 | 15647 |
| 1437 | 14279 | 1472 | 14817 | 1492 | 15253 |
| 4331 | 47203 | 4438 | 49062 | 4515 | 50553 |
| 2950 | 26052 | 2995 | 27929 | 3055 | 29191 |
| 2606 | 38303 | 2661 | 38063 | 2716 | 38887 |
| 2805 | 27650 | 2854 | 28871 | 2917 | 30305 |
| 1437 | 8881 | 1449 | 9224 | 1451 | 9612 |
| 2285 | 10841 | 2299 | 11008 | 2305 | 11174 |
| 1979 | 21953 | 2567 | 23978 | 2686 | 26862 |
| 5782 | 72514 | 5831 | 75554 | 5850 | 78817 |
| 3415 | 52221 | 3553 | 55124 | 3617 | 57645 |
| 3493 | 29560 | 3570 | 31107 | 3691 | 32653 |
| 1922 | 22392 | 1982 | 24003 | 2028 | 25400 |
| 1901 | 15679 | 1996 | 18955 | 2055 | 19727 |
| 6667 | 64195 | 7070 | 69086 | 7226 | 72361 |
| 3855 | 39764 | 4050 | 41986 | 4249 | 44287 |
| 2942 | 25300 | 2993 | 27011 | 3026 | 29073 |
| 2655 | 20164 | 2759 | 22473 | 2861 | 24746 |
| 3277 | 60855 | 3753 | 76912 | 3583 | 72306 |
| 2702 | 16102 | 2712 | 16383 | 2741 | 17555 |
| 360 | 2502 | 367 | 2620 | 374 | 2803 |
| 1305 | 14332 | 1368 | 15135 | 1433 | 15698 |
| 3212 | 32376 | 3318 | 35366 | 3386 | 37781 |
| 2536 | 18101 | 1584 | 13321 | 2645 | 19754 |
| 2601 | 18763 | 2622 | 19724 | 2694 | 20558 |
| 533 | 2053 | 533 | 2053 | 558 | 2129 |
| 1977 | 16900 | 1980 | 16934 | 2227 | 21615 |
| 1682 | 15734 | 1700 | 16024 | 1774 | 16639 |
| 692 | 10748 | 716 | 11902 | 752 | 13483 |
| 729 | 14476 | 764 | 13659 | 765 | 13841 |
| 2083 | 22857 | 2182 | 23895 | 2228 | 24787 |
| 41 | 15287 | 41 | 15387 | 41 | 16762 |

# 3-21 分电压等级35千伏及

| 电压等级 | 2018年 | | 2019年 | |
|---|---|---|---|---|
| | 座数（座） | 铭牌容量（万千伏安） | 座数（座） | 铭牌容量（万千伏安） |
| **总　计** | **71833** | **699819** | **73978** | **747833** |
| **一、直流工程** | **70** | **33196** | **78** | **37706** |
| ±1100千伏 | 1 | 600 | 3 | 3839 |
| ±800千伏 | 24 | 17361 | 25 | 21345 |
| ±660千伏 | 2 | 947 | 2 | 947 |
| ±500千伏 | 28 | 13353 | 31 | 10945 |
| ±400千伏 | 2 | 141 | 4 | 1245 |
| ±400千伏以下 | 14 | 794 | 14 | 794 |
| **二、交流工程** | **71762** | **666622** | **73899** | **708718** |
| 1000千伏 | 25 | 14700 | 27 | 15300 |
| 750千伏 | 49 | 17030 | 53 | 18515 |
| 500千伏 | 709 | 136494 | 750 | 145905 |
| 330千伏 | 232 | 13125 | 247 | 14062 |
| 220千伏 | 6393 | 213127 | 6714 | 226101 |
| 110千伏(含66千伏) | 29489 | 219379 | 30678 | 235077 |
| 35千伏 | 34865 | 52767 | 35430 | 53757 |

# 以上变压器情况

| 2020年 | | 2021年 | | 2022年 | |
|---|---|---|---|---|---|
| 座数(座) | 铭牌容量(万千伏安) | 座数(座) | 铭牌容量(万千伏安) | 座数(座) | 铭牌容量(万千伏安) |
| **76917** | **812893** | **78924** | **862767** | **81695** | **907903** |
| **95** | **46328** | **99** | **49225** | **102** | **50738** |
| 2 | 2867 | 2 | 2867 | 1 | 2867 |
| 33 | 27690 | 37 | 30558 | 39 | 31766 |
| 3 | 947 | 3 | 884 | 2 | 884 |
| 33 | 12738 | 34 | 12720 | 36 | 13025 |
| 4 | 1245 | 4 | 1245 | 4 | 1245 |
| 20 | 841 | 19 | 951 | 19 | 951 |
| **76822** | **766565** | **78825** | **813542** | **81593** | **857165** |
| 29 | 18000 | 31 | 19800 | 31 | 20700 |
| 59 | 19785 | 61 | 21175 | 63 | 22945 |
| 788 | 155163 | 827 | 165100 | 855 | 174714 |
| 289 | 15771 | 294 | 16209 | 344 | 17814 |
| 7283 | 243736 | 7681 | 258784 | 7923 | 271116 |
| 32311 | 250286 | 33267 | 265295 | 34907 | 279973 |
| 36063 | 63823 | 36664 | 67179 | 37470 | 69903 |

# 3-22　分地区35千伏及

| 地　区 | 2018年 | | 2019年 | |
|---|---|---|---|---|
| | 换流站（座） | 换流变容量（万千伏安） | 换流站（座） | 换流变容量（万千伏安） |
| **全　国** | **72** | **34169** | **79** | **39115** |
| 北　京 | | | | |
| 天　津 | | | | |
| 河　北 | | | | |
| 山　西 | 1 | 972 | 1 | 972 |
| 内蒙古 | 5 | 1725 | 8 | 2948 |
| 辽　宁 | 2 | 1060 | 2 | 1413 |
| 吉　林 | | | | |
| 黑龙江 | 1 | 179 | 1 | 179 |
| 上　海 | 7 | 1536 | 7 | 1536 |
| 江　苏 | 4 | 3268 | 4 | 3268 |
| 浙　江 | 8 | 1962 | 8 | 1962 |
| 安　徽 | 1 | 600 | 1 | 1409 |
| 福　建 | 2 | 212 | 2 | 212 |
| 江　西 | | | | |
| 山　东 | 3 | 2831 | 3 | 2831 |
| 河　南 | 2 | 1170 | 2 | 1170 |
| 湖　北 | 5 | 1575 | 7 | 2679 |
| 湖　南 | 2 | 1249 | 2 | 1249 |
| 广　东 | | | | |
| 广　西 | | | | |
| 海　南 | | | | |
| 重　庆 | | | | |
| 四　川 | 4 | 2974 | 4 | 2974 |
| 贵　州 | | | | |
| 云　南 | 2 | 721 | 2 | 721 |
| 西　藏 | 1 | 71 | 1 | 71 |
| 陕　西 | 1 | 300 | 1 | 300 |
| 甘　肃 | 1 | 990 | 1 | 990 |
| 青　海 | 1 | 71 | 1 | 71 |
| 宁　夏 | 2 | 1473 | 2 | 1473 |
| 新　疆 | | 972 | 2 | 2430 |
| 跨　区 | 17 | 8258 | 17 | 8258 |

# 以上换流变压器情况

| 2020年 | | 2021年 | | 2022年 | |
|---|---|---|---|---|---|
| 换流站（座） | 换流变容量（万千伏安） | 换流站（座） | 换流变容量（万千伏安） | 换流站（座） | 换流变容量（万千伏安） |
| **95** | **46328** | **99** | **49225** | **102** | **50738** |
| 1 | 340 | 1 | 340 | 1 | 340 |
| 3 | 600 | 3 | 600 | 3 | 600 |
| 1 | 972 | 1 | 972 | 1 | 972 |
| 5 | 4044 | 5 | 4248 | 5 | 3004 |
| 2 | 1060 | 2 | 1060 | 2 | 1060 |
| 1 | 179 | 1 | 179 | 1 | 179 |
| 7 | 1536 | 7 | 1536 | 7 | 1536 |
| 4 | 3268 | 4 | 3268 | 5 | 4441 |
| 8 | 1962 | 8 | 1962 | 9 | 2460 |
| 1 | 1409 | 1 | 1409 | 1 | 1409 |
| 2 | 212 | 2 | 212 | 3 | 333 |
| | | 1 | 996 | 1 | 996 |
| 6 | 2831 | 6 | 2831 | 3 | 2831 |
| 3 | 1970 | 3 | 2166 | 3 | 2166 |
| 7 | 2679 | 8 | 3731 | 8 | 3731 |
| 2 | 1249 | 2 | 1249 | 2 | 1249 |
| 6 | 47 | 7 | 157 | 7 | 295 |
| 4 | 2974 | 5 | 3946 | 7 | 4656 |
| 2 | 721 | 2 | 721 | 2 | 766 |
| 1 | 71 | 1 | 71 | 1 | 71 |
| 1 | 357 | 1 | 357 | 2 | 430 |
| 1 | 990 | 1 | 990 | 1 | 990 |
| 2 | 1067 | 2 | 1067 | 2 | 1067 |
| 2 | 1473 | 2 | 840 | 2 | 840 |
| 2 | 2430 | 2 | 2430 | 2 | 2430 |
| 21 | 11887 | 21 | 11887 | 21 | 11887 |

# 3−23　分电压等级35千伏及

| 电压等级 | 2018年 | | 2019年 | |
|---|---|---|---|---|
| | 换流站（座） | 换流变容量（万千伏安） | 换流站（座） | 换流变容量（万千伏安） |
| **总　计** | **72** | **34169** | **79** | **39115** |
| ±1100千伏 | 1 | 600 | 2 | 2867 |
| ±800千伏 | 24 | 17361 | 26 | 22317 |
| ±660千伏 | 3 | 1920 | 2 | 947 |
| ±500千伏 | 28 | 13353 | 31 | 10945 |
| ±400千伏 | 2 | 141 | 4 | 1245 |
| ±400千伏以下 | 14 | 794 | 14 | 794 |

# 以上换流变压器情况

| 2020年 | | 2021年 | | 2022年 | |
|---|---|---|---|---|---|
| 换流站（座） | 换流变容量（万千伏安） | 换流站（座） | 换流变容量（万千伏安） | 换流站（座） | 换流变容量（万千伏安） |
| **95** | **46328** | **99** | **49225** | **102** | **50738** |
| 2 | 2867 | 2 | 2867 | 2 | 2867 |
| 33 | 27690 | 37 | 30558 | 39 | 31766 |
| 3 | 947 | 3 | 884 | 2 | 884 |
| 33 | 12738 | 34 | 12720 | 36 | 13025 |
| 4 | 1245 | 4 | 1245 | 4 | 1245 |
| 20 | 841 | 19 | 951 | 19 | 951 |

# 主要统计指标解释

**1.供电量**：指供电供应单位在报表期内提供的可用于供电生产活动投入的电量，反映电力企业在统计期内的电力供应能力。

某区域全部供电量 ＝ 本区域所有发电厂对本区域电网上网电量+企业自备电厂自发自用电量+输入本区域电量-本区域输出电量

**2.售电量**：指电力企业出售给用户或其他电力企业的可供消费或生产投入的电量，售电量按销售方式分为趸售电量与直供电量。

**3.线损电量**：指在电能的输送、分配、管理等环节中所造成的损失电量。

线损电量=供电量-售电量

**4.线损率**：指在供电生产过程中耗用和损失的电量占供电量的比率，是反映用电管理与技术管理工作水平的综合性技术经济指标。

$$线路损失率(\%)=\frac{线路损失电量}{供电量}\times 100\%$$

**5.输出电量**：以行政区域范围界定，指流出所在行政区域范围的电量。

**6.换流站座数**：指高压直流换流站的座数。

**7.换流变压器容量**：指直流输电系统中换流站内将电能从交流系统传输给换流桥或相反传输的变压器容量。

**8.全行业用电量**：指报告期内国民经济各行业对电力的消费总量，包括第一产业用电量、第二产业用电量和第三产业用电量。

# 4

# 电力投资

# 4-1 电力建设本年投资完成情况

单位:万元

| 项 目 | 2018年 | 2019年 | 2020年 | 2021年 | 2022年 |
|---|---|---|---|---|---|
| **全 国** | **81609586** | **82950030** | **101887470** | **107863459** | **124700087** |
| **一、电源投资** | **27871417** | **32832718** | **52924357** | **58700921** | **74639692** |
| 水电 | 7002561 | 8387272 | 10670182 | 11726064 | 8715713 |
| 其中：抽水蓄能 | 1624779 | 1720815 | 2380584 | 2930658 | 3432853 |
| 火电 | 7864177 | 6337501 | 5676658 | 7076797 | 8947698 |
| 其中：燃煤 | 6443114 | 5062824 | 4003760 | 5524354 | 7213021 |
| 燃气 | 1415968 | 1042352 | 1153936 | 1154590 | 1499866 |
| 燃油 | | | | | |
| 其他 | 5094 | 232325 | 416868 | 397853 | 234811 |
| 核电 | 4471618 | 3823984 | 3794978 | 5388598 | 7853354 |
| 风电 | 6461876 | 12443671 | 26531184 | 25894681 | 20106665 |
| 太阳能发电 | 2071185 | 1840289 | 6251356 | 8607122 | 28650277 |
| 其他 | | | | 7659 | 365985 |
| **二、电网投资** | **53738169** | **50117312** | **48963113** | **49162538** | **50060395** |
| 输变电 | 51332415 | 47793236 | 47206622 | 47636644 | 48507901 |
| 其中：直流工程 | 5204685 | 2494928 | 5323282 | 3801871 | 3156486 |
| 交流工程 | 46127730 | 45298308 | 41883339 | 43834772 | 45052685 |
| 单独立项二次项 | | | | | 298730 |
| 其他 | 2405754 | 2324077 | 1756491 | 1525894 | 1552494 |

# 4–2 电力建设本年投资完成情况(建筑工程)

单位:万元

| 项　　目 | 2018年 | 2019年 | 2020年 | 2021年 | 2022年 |
|---|---|---|---|---|---|
| **全　国** | **14436958** | **14573995** | **18925068** | **21760227** | **22562788** |
| **一、电源投资** | **6576563** | **7839716** | **12568875** | **15253475** | **17489510** |
| 水电 | 3007237 | 2906984 | 3356113 | 3974994 | 3728534 |
| 其中：抽水蓄能 | 820734 | 857629 | 1087808 | 1391221 | 1529813 |
| 火电 | 1500831 | 1367769 | 1262975 | 1853754 | 2088124 |
| 其中：燃煤 | 1301606 | 1131421 | 856981 | 1517278 | 1690001 |
| 燃气 | 197021 | 177458 | 225448 | 198208 | 305562 |
| 燃油 | | | | | |
| 其他 | 2204 | 58889 | 180546 | 121308 | 92560 |
| 核电 | 409290 | 571768 | 578863 | 1283824 | 2101815 |
| 风电 | 1218215 | 2654454 | 6418157 | 6627163 | 4582257 |
| 太阳能发电 | 440991 | 338741 | 952767 | 1512795 | 4960785 |
| 其他 | | | | 944 | 27995 |
| **二、电网投资** | **7860394** | **6734280** | **6356193** | **6506752** | **5073277** |
| 输变电 | 7118312 | 6083696 | 5953680 | 6151107 | 4809520 |
| 其中：直流工程 | 708477 | 319921 | 576959 | 500732 | 179805 |
| 交流工程 | 6409835 | 5763775 | 5376721 | 5650375 | 4621840 |
| 单独立项二次项 | | | | | 7874 |
| 其他 | 742082 | 650583 | 402513 | 355645 | 263758 |

# 4-3　电力建设本年投资完成情况(安装工程)

单位:万元

| 项　　目 | 2018年 | 2019年 | 2020年 | 2021年 | 2022年 |
|---|---|---|---|---|---|
| **全　国** | **23227604** | **22552969** | **22947119** | **24259837** | **20121999** |
| **一、电源投资** | **2728503** | **2860868** | **4733561** | **6329613** | **7376819** |
| 水电 | 94760 | 163316 | 226681 | 302423 | 329997 |
| 其中：抽水蓄能 | 42205 | 52175 | 94408 | 178696 | 169944 |
| 火电 | 1325893 | 1103148 | 929486 | 921427 | 1355805 |
| 其中：燃煤 | 1156808 | 913622 | 718443 | 760498 | 1212528 |
| 燃气 | 169085 | 169633 | 182516 | 98701 | 125304 |
| 燃油 | | | | | |
| 其他 | | 19894 | 28527 | 54608 | 17974 |
| 核电 | 459498 | 445629 | 443054 | 443891 | 708153 |
| 风电 | 504914 | 813856 | 2284740 | 3611262 | 2155719 |
| 太阳能发电 | 343437 | 334919 | 849601 | 1050529 | 2811859 |
| 其他 | | | | 81 | 15285 |
| **二、电网投资** | **20499102** | **19692101** | **18213558** | **17930224** | **12745180** |
| 输变电 | 20018276 | 19197157 | 17768604 | 17571712 | 12289271 |
| 其中：直流工程 | 1886608 | 1355678 | 1547219 | 1100320 | 1271103 |
| 交流工程 | 18131668 | 17841478 | 16221385 | 16471392 | 10996573 |
| 单独立项二次项 | | | | | 21595 |
| 其他 | 480825 | 494944 | 444954 | 358512 | 455909 |

# 4-4 电力建设本年投资完成情况(设备工器具购置)

单位:万元

| 项目 | 2018年 | 2019年 | 2020年 | 2021年 | 2022年 |
|---|---|---|---|---|---|
| **全国** | **27827948** | **27024171** | **38421821** | **38319229** | **46671359** |
| **一、电源投资** | **10688823** | **12473030** | **23042060** | **23670164** | **35557033** |
| 水电 | 778553 | 732407 | 1034036 | 1214722 | 1288790 |
| 其中：抽水蓄能 | 207556 | 165757 | 367401 | 527360 | 614217 |
| 火电 | 3479956 | 2541050 | 2180150 | 3164090 | 4275379 |
| 其中：燃煤 | 2742636 | 1999345 | 1560892 | 2364185 | 3382690 |
| 燃气 | 735266 | 440056 | 503748 | 623139 | 811356 |
| 燃油 | | | | | |
| 其他 | 2054 | 101649 | 115510 | 144558 | 81333 |
| 核电 | 1325462 | 1536326 | 1130425 | 1770550 | 2562048 |
| 风电 | 4028576 | 6917974 | 15167496 | 12700011 | 10340064 |
| 太阳能发电 | 1076276 | 745272 | 3529953 | 4814860 | 16903256 |
| 其他 | | | | 5931 | 187496 |
| **二、电网投资** | **17139125** | **14551142** | **15379761** | **14649064** | **11114326** |
| 输变电 | 16378095 | 13906746 | 14758165 | 14117635 | 10573005 |
| 其中：直流工程 | 2345722 | 579068 | 2535307 | 1197796 | 1024499 |
| 交流工程 | 14032373 | 13327679 | 12222857 | 12919839 | 9366032 |
| 单独立项二次项 | | | | | 182474 |
| 其他 | 761031 | 644395 | 621596 | 531429 | 541321 |

# 4-5 电力建设本年投资完成情况(其他费用)

单位:万元

| 项 目 | 2018年 | 2019年 | 2020年 | 2021年 | 2022年 |
|---|---|---|---|---|---|
| **全 国** | **16117076** | **18798894** | **21219121** | **23524167** | **35343941** |
| **一、电源投资** | **7877528** | **9659104** | **12205520** | **13447669** | **14216330** |
| 水电 | 3122011 | 4584565 | 5799003 | 6233925 | 3368391 |
| 其中：抽水蓄能 | 554283 | 645254 | 830966 | 833381 | 1118878 |
| 火电 | 1557496 | 1325534 | 1201677 | 1137527 | 1228389 |
| 其中：燃煤 | 1242064 | 1018436 | 867169 | 882393 | 927802 |
| 燃气 | 314596 | 255205 | 242224 | 234543 | 257644 |
| 燃油 | | | | | |
| 其他 | 836 | 51893 | 92285 | 77379 | 42943 |
| 核电 | 2277367 | 1270261 | 1642637 | 1890333 | 2481339 |
| 风电 | 710172 | 2057387 | 2660791 | 2956244 | 3028626 |
| 太阳能发电 | 210482 | 421358 | 901412 | 1228938 | 3974377 |
| 其他 | | | | 703 | 135209 |
| **二、电网投资** | **8239547** | **9139790** | **9013601** | **10076498** | **21127611** |
| 输变电 | 7817732 | 8605636 | 8726173 | 9796190 | 20836105 |
| 其中：直流工程 | 263878 | 240261 | 663797 | 1003023 | 681079 |
| 交流工程 | 7553854 | 8365375 | 8062376 | 8793167 | 20068240 |
| 单独立项二次项 | | | | | 86786 |
| 其他 | 421815 | 534154 | 287428 | 280308 | 291506 |

# 4-6 分地区电源建设本年投资完成情况(合计)

单位:万元

| 地 区 | 2018年 | 2019年 | 2020年 | 2021年 | 2022年 |
|---|---|---|---|---|---|
| **全 国** | **27871417** | **40853187** | **52924357** | **58700921** | **74639692** |
| 北 京 | 85208 | 38093 | 32790 | 42948 | 26034 |
| 天 津 | 226504 | 220385 | 258206 | 376550 | 514851 |
| 河 北 | 1594888 | 1991285 | 2846585 | 2307613 | 3194085 |
| 山 西 | 524306 | 838833 | 2063158 | 1230398 | 2628345 |
| 内蒙古 | 973722 | 1610037 | 2753148 | 2893275 | 7183220 |
| 辽 宁 | 1197817 | 1184202 | 1632208 | 2141852 | 2008292 |
| 吉 林 | 452644 | 364284 | 606321 | 1259245 | 920660 |
| 黑龙江 | 259515 | 261199 | 426745 | 784177 | 1053618 |
| 上 海 | 355004 | 110775 | 177699 | 411949 | 601654 |
| 江 苏 | 3023094 | 2998276 | 5218634 | 4604941 | 2274454 |
| 浙 江 | 1195878 | 986151 | 2267630 | 2840733 | 3408635 |
| 安 徽 | 842611 | 655360 | 809648 | 849098 | 1511573 |
| 福 建 | 1588946 | 1945019 | 2034920 | 2557066 | 2654017 |
| 江 西 | 356486 | 623912 | 846056 | 1053070 | 1509468 |
| 山 东 | 1493591 | 1682583 | 2623554 | 3430940 | 4824124 |
| 河 南 | 1141922 | 1230582 | 2443317 | 1593599 | 1646364 |
| 湖 北 | 703048 | 456878 | 715054 | 1240881 | 3152164 |
| 湖 南 | 251228 | 509958 | 1138994 | 1209356 | 1731006 |
| 广 东 | 2612636 | 2926246 | 4560471 | 8703408 | 6943202 |
| 广 西 | 839525 | 1115232 | 2068916 | 1974928 | 3096598 |
| 海 南 | 159529 | 142559 | 257662 | 874018 | 1174971 |
| 重 庆 | 142628 | 114476 | 258377 | 623555 | 543624 |
| 四 川 | 3838915 | 3718119 | 5085269 | 5787885 | 4342623 |
| 贵 州 | 217548 | 390145 | 1618602 | 819427 | 986530 |
| 云 南 | 827287 | 2562721 | 2914095 | 3253126 | 3805017 |
| 西 藏 | 158814 | 200152 | 242416 | 164668 | 454440 |
| 陕 西 | 710747 | 1307869 | 2071443 | 1054175 | 2003004 |
| 甘 肃 | 311015 | 335992 | 271635 | 1256268 | 3224669 |
| 青 海 | 389913 | 552876 | 2060902 | 1477481 | 1893974 |
| 宁 夏 | 442925 | 696243 | 832602 | 715511 | 1573239 |
| 新 疆 | 953524 | 1062274 | 1551472 | 1168782 | 3755237 |

# 4-7 分地区电源建设本年投资完成情况(水电)

单位:万元

| 地区 | 2018年 | 2019年 | 2020年 | 2021年 | 2022年 |
|---|---|---|---|---|---|
| **全国** | **7002561** | **9050141** | **10670182** | **11726064** | **8715713** |
| 北京 | | | | | |
| 天津 | | | | | |
| 河北 | 191940 | 225116 | 260487 | 314219 | 338202 |
| 山西 | | | 53934 | 52586 | 77832 |
| 内蒙古 | 23178 | 22638 | 37636 | 51200 | 130890 |
| 辽宁 | 71500 | 60000 | 115000 | 138700 | 164224 |
| 吉林 | 271774 | 236728 | 201500 | 122865 | 95183 |
| 黑龙江 | 50008 | 58502 | 97004 | 85353 | 85803 |
| 上海 | | | | | |
| 江苏 | 67012 | 74000 | 88000 | 106000 | 113000 |
| 浙江 | 207109 | 238472 | 372384 | 423155 | 531262 |
| 安徽 | 185409 | 176099 | 230996 | 194991 | 160813 |
| 福建 | 127643 | 132679 | 168969 | 178816 | 260847 |
| 江西 | 15426 | | | 6123 | 51355 |
| 山东 | 152230 | 153307 | 264984 | 309003 | 380924 |
| 河南 | 96635 | 111130 | 130002 | 256460 | 348426 |
| 湖北 | 128426 | 72395 | 55254 | 10983 | 3210 |
| 湖南 | 40155 | 42545 | 84109 | 93003 | 236003 |
| 广东 | 170032 | 180437 | 248950 | 375083 | 288963 |
| 广西 | 2999 | 4938 | | | 106566 |
| 海南 | 24762 | 13299 | 14000 | 1420 | |
| 重庆 | 62050 | 54500 | 60000 | 65000 | 95280 |
| 四川 | 3685850 | 3431757 | 4361142 | 5098495 | 3333768 |
| 贵州 | 6350 | 11963 | 4821 | 29511 | 17630 |
| 云南 | 784609 | 2386250 | 2776455 | 2798099 | 730390 |
| 西藏 | 145293 | 200152 | 239661 | 164668 | 226141 |
| 陕西 | 107317 | 113023 | 178779 | 164276 | 175203 |
| 甘肃 | 11885 | 9356 | 4920 | 5289 | 19410 |
| 青海 | | | 26786 | 390254 | 494005 |
| 宁夏 | | | | | |
| 新疆 | 372971 | 377987 | 340062 | 290512 | 250380 |

# 4-8 分地区电源建设本年投资完成情况(火电)

单位:万元

| 地　区 | 2018年 | 2019年 | 2020年 | 2021年 | 2022年 |
|---|---|---|---|---|---|
| **全　国** | **7864177** | **7804278** | **5676658** | **7076797** | **8947698** |
| 北　京 | 59433 | 32542 | 14763 | 16077 | 9829 |
| 天　津 | 163165 | 176049 | 179820 | 111684 | 30686 |
| 河　北 | 493900 | 533524 | 347552 | 107189 | 192963 |
| 山　西 | 39981 | 27061 | 218824 | 454352 | 424210 |
| 内蒙古 | 556814 | 657069 | 695633 | 1344930 | 1409592 |
| 辽　宁 | 281774 | 177969 | 126962 | 190707 | 74701 |
| 吉　林 | 78037 | 3225 | 35724 | 5039 | 9737 |
| 黑龙江 | 97788 | 63083 | 52757 | 30688 | 12210 |
| 上　海 | 178004 | 42878 | 137187 | 255359 | 258176 |
| 江　苏 | 645129 | 329002 | 203796 | 80428 | 231562 |
| 浙　江 | 172376 | 273451 | 284191 | 144419 | 392659 |
| 安　徽 | 493365 | 252138 | 208521 | 139739 | 305041 |
| 福　建 | 227976 | 89581 | 30832 | 184993 | 263194 |
| 江　西 | 103948 | 41915 | 101792 | 318730 | 401389 |
| 山　东 | 540894 | 658181 | 270502 | 215757 | 226982 |
| 河　南 | 649472 | 201026 | 237989 | 102017 | 124739 |
| 湖　北 | 262518 | 123109 | 248437 | 402480 | 617844 |
| 湖　南 | 26533 | 54751 | 261986 | 530469 | 589287 |
| 广　东 | 1197612 | 811862 | 642548 | 1014355 | 1872446 |
| 广　西 |  |  | 100074 | 237625 | 320226 |
| 海　南 | 45982 | 122075 | 243314 | 340627 | 121247 |
| 重　庆 |  |  |  | 88511 | 172684 |
| 四　川 |  |  | 120187 | 166148 |  |
| 贵　州 | 7937 | 44557 | 8141 | 11867 | 27701 |
| 云　南 |  | 74197 | 9149 |  | 54143 |
| 西　藏 |  |  |  |  |  |
| 陕　西 | 310773 | 494737 | 290961 | 136334 | 209666 |
| 甘　肃 | 299130 | 235243 | 140148 | 145171 | 335321 |
| 青　海 |  |  | 546 |  |  |
| 宁　夏 | 415910 | 224150 | 81737 | 50339 | 41671 |
| 新　疆 | 515725 | 594125 | 280491 | 250762 | 217793 |

# 4-9 分地区电源建设本年计划投资完成情况(合计)

单位:万元

| 地区 | 2018年 | 2019年 | 2020年 | 2021年 | 2022年 |
|---|---|---|---|---|---|
| **全国** | **28590936** | **39354647** | **51630672** | **53082498** | **71783610** |
| 北京 | 88457 | 39283 | 41499 | 23031 | 26117 |
| 天津 | 277470 | 261597 | 295195 | 302521 | 385214 |
| 河北 | 1932006 | 1320642 | 2604554 | 2068516 | 3015934 |
| 山西 | 434162 | 694739 | 1735978 | 1050039 | 2201294 |
| 内蒙古 | 1133846 | 2186669 | 2941337 | 2707824 | 7122323 |
| 辽宁 | 1584477 | 1511063 | 1921192 | 2257398 | 1728371 |
| 吉林 | 470554 | 361007 | 590975 | 1240426 | 803141 |
| 黑龙江 | 304490 | 255969 | 448506 | 739249 | 686861 |
| 上海 | 332595 | 110775 | 256778 | 299406 | 301198 |
| 江苏 | 2787692 | 3202728 | 4996054 | 4058579 | 2887667 |
| 浙江 | 1293649 | 1010884 | 2390210 | 2801975 | 3231880 |
| 安徽 | 924113 | 661332 | 787370 | 966319 | 1358844 |
| 福建 | 1743297 | 4381810 | 1992376 | 2733318 | 2573382 |
| 江西 | 388814 | 567969 | 829430 | 911681 | 1242516 |
| 山东 | 1187077 | 1632246 | 2839714 | 2929958 | 4723018 |
| 河南 | 770027 | 2160728 | 2309840 | 1282742 | 1604892 |
| 湖北 | 695990 | 1050732 | 1200028 | 942635 | 3162376 |
| 湖南 | 253211 | 517836 | 1049368 | 1173629 | 1499954 |
| 广东 | 2601232 | 2919146 | 3589949 | 7335137 | 7514973 |
| 广西 | 898786 | 1263463 | 2050977 | 1986361 | 3359286 |
| 海南 | 176400 | 148800 | 270242 | 949996 | 1031392 |
| 重庆 | 138833 | 189630 | 251850 | 606323 | 498075 |
| 四川 | 4130565 | 3756384 | 4801455 | 5340794 | 4548920 |
| 贵州 | 214737 | 1589084 | 1674832 | 613490 | 882241 |
| 云南 | 793838 | 2677215 | 2625926 | 2956062 | 4175535 |
| 西藏 | 165238 | 204787 | 245198 | 170242 | 323028 |
| 陕西 | 721209 | 1285420 | 2024111 | 866750 | 1993462 |
| 甘肃 | 273515 | 321044 | 299325 | 1111246 | 2967297 |
| 青海 | 412152 | 390711 | 2395535 | 1082580 | 1866525 |
| 宁夏 | 513747 | 816102 | 737296 | 576003 | 1035515 |
| 新疆 | 948755 | 1864852 | 1433572 | 998268 | 3032380 |

# 4-10 电源建设累计完成投资(合计)

单位:万元

| 地 区 | 2018年 | 2019年 | 2020年 | 2021年 | 2022年 |
|---|---|---|---|---|---|
| **全 国** | **138752722** | **133242868** | **173915604** | **199898807** | **248284517** |
| 北 京 | 792018 | 699548 | 253162 | 78478 | 82629 |
| 天 津 | 1275473 | 708366 | 639701 | 785497 | 1425475 |
| 河 北 | 4686376 | 5954919 | 7651864 | 6293262 | 7497020 |
| 山 西 | 1535445 | 2282991 | 5457344 | 5017465 | 6650420 |
| 内蒙古 | 3495066 | 4277487 | 6565446 | 6789274 | 12690006 |
| 辽 宁 | 3809881 | 4229908 | 6069896 | 7374320 | 9526948 |
| 吉 林 | 1614777 | 1546291 | 2521371 | 3314445 | 3833246 |
| 黑龙江 | 1087347 | 1060118 | 1817267 | 2450755 | 2493317 |
| 上 海 | 741474 | 512772 | 698956 | 1097129 | 1622354 |
| 江 苏 | 9357702 | 7417436 | 12168575 | 15458950 | 17084797 |
| 浙 江 | 7217930 | 2646233 | 4281324 | 7178554 | 9692079 |
| 安 徽 | 2139712 | 1769211 | 3079549 | 3835836 | 4976063 |
| 福 建 | 7153049 | 7047741 | 8270438 | 10126887 | 11990313 |
| 江 西 | 2316326 | 1007575 | 2617457 | 3615261 | 4639335 |
| 山 东 | 6466892 | 7438833 | 15331899 | 17403707 | 21187945 |
| 河 南 | 3301665 | 3688464 | 6049006 | 5900990 | 5658114 |
| 湖 北 | 2071980 | 2271681 | 2087116 | 2753839 | 5544815 |
| 湖 南 | 710871 | 1067331 | 3688611 | 4293815 | 5482565 |
| 广 东 | 22067283 | 24404277 | 11257028 | 17430215 | 18521349 |
| 广 西 | 4812731 | 5777686 | 5367571 | 6784755 | 9022671 |
| 海 南 | 515982 | 591347 | 862668 | 2104370 | 2615833 |
| 重 庆 | 535222 | 356501 | 583465 | 1300980 | 1408197 |
| 四 川 | 31572327 | 20639085 | 28945983 | 30096564 | 34059777 |
| 贵 州 | 584915 | 1330099 | 4091200 | 3965011 | 3971322 |
| 云 南 | 8645696 | 12810885 | 11775648 | 12025067 | 17181470 |
| 西 藏 | 834818 | 1011244 | 1333656 | 830838 | 569110 |
| 陕 西 | 1990441 | 2812057 | 4382971 | 4921517 | 4704174 |
| 甘 肃 | 1031907 | 810807 | 991036 | 1584576 | 4513406 |
| 青 海 | 789846 | 1033834 | 7642409 | 8590742 | 9552158 |
| 宁 夏 | 2348075 | 2510017 | 1711061 | 1430513 | 2393209 |
| 新 疆 | 3249497 | 3528122 | 5721922 | 5065193 | 7694401 |

# 4-11 电源建设累计完成投资(水电)

单位:万元

| 地 区 | 2018年 | 2019年 | 2020年 | 2021年 | 2022年 |
|---|---|---|---|---|---|
| **全 国** | **53523847** | **47830412** | **58126301** | **61369008** | **71477219** |
| 北 京 | | | | | |
| 天 津 | | | | | |
| 河 北 | 680936 | 906051 | 1166538 | 1480757 | 1818959 |
| 山 西 | | | 87046 | 139632 | 217464 |
| 内蒙古 | 36996 | 59634 | 97270 | 148470 | 279360 |
| 辽 宁 | 166646 | 226646 | 341646 | 488388 | 652612 |
| 吉 林 | 1099896 | 1336624 | 1538124 | 1572079 | 1667262 |
| 黑龙江 | 228169 | 286671 | 383675 | 473309 | 559112 |
| 上 海 | | | | | |
| 江 苏 | 162250 | 236250 | 324250 | 430250 | 543250 |
| 浙 江 | 996104 | 1234576 | 1093584 | 1352136 | 2063100 |
| 安 徽 | 687353 | 863452 | 1107009 | 1302000 | 1462813 |
| 福 建 | 288326 | 389778 | 540271 | 719086 | 1014860 |
| 江 西 | 518669 | | | 16518 | 67873 |
| 山 东 | 450562 | 603869 | 889117 | 1198120 | 1579044 |
| 河 南 | 305288 | 416418 | 499200 | 841938 | 1191254 |
| 湖 北 | 286453 | 358848 | 414101 | 55978 | 77624 |
| 湖 南 | 89964 | 132509 | 1422870 | 1515873 | 1714970 |
| 广 东 | 1247472 | 1427909 | 1676858 | 2051942 | 2366128 |
| 广 西 | 2920352 | 2925290 | | | 127527 |
| 海 南 | 351551 | 364850 | 378850 | 380270 | |
| 重 庆 | 317438 | 220866 | 280866 | 350958 | 446238 |
| 四 川 | 31147744 | 20086201 | 26881132 | 27727055 | 32292943 |
| 贵 州 | 84416 | 92187 | 1033138 | 1039165 | 1041125 |
| 云 南 | 8462500 | 12452409 | 10936580 | 10861622 | 13120544 |
| 西 藏 | 812663 | 1011244 | 1264643 | 761825 | 253898 |
| 陕 西 | 335184 | 448207 | 688512 | 852788 | 1027992 |
| 甘 肃 | 191553 | 200935 | 115908 | 121197 | 19410 |
| 青 海 | | | 3128104 | 3518359 | 4012364 |
| 宁 夏 | | | | | |
| 新 疆 | 1655364 | 1548989 | 1837009 | 1969294 | 1859491 |

# 4-12 电源建设累计完成投资(火电)

单位:万元

| 地 区 | 2018年 | 2019年 | 2020年 | 2021年 | 2022年 |
|---|---|---|---|---|---|
| **全 国** | **30251449** | **29011352** | **30965605** | **28548777** | **30966098** |
| 北 京 | 766244 | 668291 | 203193 | 1638 | 1638 |
| 天 津 | 1168109 | 650005 | 446006 | 396089 | 443572 |
| 河 北 | 2258726 | 2593039 | 2447890 | 736775 | 922988 |
| 山 西 | 315161 | 342222 | 1411209 | 1126449 | 1562145 |
| 内蒙古 | 2499748 | 2893752 | 2733333 | 2957877 | 3749191 |
| 辽 宁 | 1485073 | 1054014 | 1165337 | 898131 | 307065 |
| 吉 林 | 371928 | 85336 | 346429 | 324747 | 334484 |
| 黑龙江 | 602646 | 566372 | 619198 | 653955 | 44435 |
| 上 海 | 564474 | 316138 | 644887 | 897863 | 1100280 |
| 江 苏 | 1710183 | 1751052 | 1136109 | 907434 | 1416666 |
| 浙 江 | 564139 | 508909 | 792979 | 871144 | 724057 |
| 安 徽 | 1211972 | 598995 | 980279 | 1162574 | 1475715 |
| 福 建 | 1365531 | 1455111 | 1104914 | 886216 | 1200486 |
| 江 西 | 1276658 | 68660 | 535022 | 1164511 | 1815565 |
| 山 东 | 1625383 | 2132362 | 1747633 | 1196277 | 1556919 |
| 河 南 | 2039475 | 1681484 | 2189182 | 1798678 | 1668409 |
| 湖 北 | 1258180 | 1403962 | 665847 | 1146823 | 1791725 |
| 湖 南 | 203366 | 258117 | 570874 | 1121839 | 963223 |
| 广 东 | 3323647 | 3533480 | 4098252 | 3368462 | 4027330 |
| 广 西 | | | 255319 | 492944 | 876812 |
| 海 南 | 46785 | 168058 | 447748 | 788375 | 575794 |
| 重 庆 | | | | 175926 | 347594 |
| 四 川 | | 13347 | 652222 | 818370 | 21474 |
| 贵 州 | 192684 | 693172 | 679454 | 691321 | 719022 |
| 云 南 | | 94885 | 103974 | 103974 | 54143 |
| 西 藏 | | | | | |
| 陕 西 | 967734 | 1158982 | 1081662 | 1649754 | 692611 |
| 甘 肃 | 840354 | 518479 | 682197 | 168741 | 572510 |
| 青 海 | | | 487235 | 487235 | 487235 |
| 宁 夏 | 2208829 | 1965536 | 385428 | 66262 | 106672 |
| 新 疆 | 1384418 | 1837588 | 2351793 | 1488394 | 1406340 |

# 4-13 分地区新增发电装机容量(合计)

单位:万千瓦

| 地 区 | 2018年 | 2019年 | 2020年 | 2021年 | 2022年 |
|---|---|---|---|---|---|
| **全 国** | **12785** | **10500** | **19144** | **17908** | **20298** |
| 北 京 | 56 | 37 | 24 | 24 | 19 |
| 天 津 | 319 | 165 | 147 | 125 | 67 |
| 河 北 | 840 | 780 | 1720 | 1213 | 1370 |
| 山 西 | 822 | 445 | 1225 | 953 | 763 |
| 内蒙古 | 413 | 658 | 1413 | 874 | 1375 |
| 辽 宁 | 193 | 113 | 302 | 377 | 465 |
| 吉 林 | 189 | 111 | 170 | 262 | 559 |
| 黑龙江 | 213 | 164 | 301 | 415 | 308 |
| 上 海 | 128 | 146 | 30 | 117 | 119 |
| 江 苏 | 1258 | 791 | 996 | 1345 | 766 |
| 浙 江 | 859 | 297 | 421 | 792 | 995 |
| 安 徽 | 724 | 343 | 446 | 545 | 973 |
| 福 建 | 210 | 155 | 332 | 650 | 612 |
| 江 西 | 402 | 195 | 620 | 451 | 748 |
| 山 东 | 758 | 808 | 1708 | 1650 | 1911 |
| 河 南 | 956 | 665 | 1091 | 978 | 917 |
| 湖 北 | 365 | 531 | 420 | 552 | 759 |
| 湖 南 | 296 | 181 | 316 | 444 | 487 |
| 广 东 | 894 | 898 | 1041 | 1594 | 1322 |
| 广 西 | 216 | 140 | 544 | 351 | 719 |
| 海 南 | 56 | 53 | 98 | 85 | 254 |
| 重 庆 | 91 | 51 | 52 | 103 | 140 |
| 四 川 | 280 | 125 | 551 | 1360 | 852 |
| 贵 州 | 26 | 234 | 715 | 191 | 320 |
| 云 南 | 393 | 133 | 373 | 549 | 870 |
| 西 藏 | 13 | 26 | 66 | 86 | 43 |
| 陕 西 | 607 | 740 | 1096 | 385 | 595 |
| 甘 肃 | 130 | 108 | 350 | 544 | 630 |
| 青 海 | 321 | 338 | 836 | 117 | 370 |
| 宁 夏 | 372 | 600 | 676 | 276 | 451 |
| 新 疆 | 385 | 469 | 1062 | 500 | 517 |

# 4-14 分地区新增发电装机容量(水电)

单位:万千瓦

| 地 区 | 2018年 | 2019年 | 2020年 | 2021年 | 2022年 |
|---|---|---|---|---|---|
| **全 国** | **859** | **445** | **1313** | **2349** | **2371** |
| 北 京 | | | | | 3 |
| 天 津 | | | | | 0.1 |
| 河 北 | | | 0.3 | 61 | 152 |
| 山 西 | | | 0.1 | 0.3 | 0.4 |
| 内蒙古 | | | | | |
| 辽 宁 | | | 0.1 | 0.4 | 0.04 |
| 吉 林 | | 60 | 69 | 113 | 37 |
| 黑龙江 | 3 | 4 | 2 | 30 | 91 |
| 上 海 | | | | | |
| 江 苏 | | | | 0.1 | 0.1 |
| 浙 江 | 7 | 30 | 3 | 110 | 108 |
| 安 徽 | 2 | 36 | 136 | 34 | 135 |
| 福 建 | 22 | 8 | 13 | 63 | 166 |
| 江 西 | 16 | 35 | 12 | 19 | 21 |
| 山 东 | | | | 60 | 60 |
| 河 南 | 3 | 5 | | | 4 |
| 湖 北 | 6 | 6 | 65 | 16 | 16 |
| 湖 南 | 29 | 51 | 23 | 5 | 15 |
| 广 东 | 90 | | | 70 | 170 |
| 广 西 | 5 | 29 | 69 | 8 | 44 |
| 海 南 | 40 | | | 1 | 0.3 |
| 重 庆 | 14 | 6 | 4 | 10 | 13 |
| 四 川 | 155 | 27 | 413 | 1015 | 731 |
| 贵 州 | | 5 | 13 | 2 | |
| 云 南 | 392 | 92 | 340 | 470 | 507 |
| 西 藏 | 1 | 14 | 39 | 81 | 2 |
| 陕 西 | 4 | 11 | 29 | 13 | 42 |
| 甘 肃 | 61 | 15 | 13 | 15 | 6 |
| 青 海 | 1 | | 1 | 0.3 | 6 |
| 宁 夏 | | | 0.04 | | |
| 新 疆 | 10 | 10 | 70 | 153 | 43 |

# 4-15 分地区新增发电装机容量(火电)

单位:万千瓦

| 地 区 | 2018年 | 2019年 | 2020年 | 2021年 | 2022年 |
| --- | --- | --- | --- | --- | --- |
| **全 国** | **4380** | **4423** | **5660** | **4939** | **4568** |
| 北 京 | 41 | 26 | 9 | 1 | 0.4 |
| 天 津 | 228.9 | 130 | 94 | 66 | 12 |
| 河 北 | 205 | 306 | 361 | 151 | 14 |
| 山 西 | 297 | 72 | 284 | 655 | 331 |
| 内蒙古 | 67 | 410 | 423 | 480 | 641 |
| 辽 宁 | 105 | 2 | 98 | 109 | 140 |
| 吉 林 | 51 |  | 4 | 15 | 3 |
| 黑龙江 | 36 | 88 | 180 | 135 | 52 |
| 上 海 | 96 | 114 | 1 | 60 | 93 |
| 江 苏 | 374 | 456 | 168 | 325 | 111 |
| 浙 江 | 163 | 48 | 212 | 158 | 106 |
| 安 徽 | 353 | 140 | 61 | 74 | 312 |
| 福 建 | 74 | 43 | 174 | 142 | 131 |
| 江 西 | 205 | 0.3 | 256 | 261 | 386 |
| 山 东 | 145 | 214 | 621 | 343 | 431 |
| 河 南 | 422 | 261 | 246 | 265 | 84 |
| 湖 北 | 112 | 324 | 188 | 62 | 199 |
| 湖 南 | 33 | 19 | 5 | 239 | 139 |
| 广 东 | 484 | 480 | 741 | 671 | 421 |
| 广 西 | 119 | 11 | 49 | 136 | 271 |
| 海 南 |  | 46 | 98 | 58 | 155 |
| 重 庆 | 31 | 5 | 16 | 17 | 92 |
| 四 川 | 30 | 25 | 35 | 236 | 34 |
| 贵 州 |  | 105 | 6 | 13 | 25 |
| 云 南 |  |  | 5 | 11 | 8 |
| 西 藏 |  |  |  |  |  |
| 陕 西 | 389 | 430 | 584 | 13 | 193 |
| 甘 肃 | 4 |  | 204 | 7 | 4 |
| 青 海 |  |  | 0.2 | 0.3 | 14 |
| 宁 夏 | 101 | 367 | 133 | 10 | 123 |
| 新 疆 | 214 | 298 | 403 | 228 | 43 |

# 4-16 分地区新增发电装机容量(风电)

单位:万千瓦

| 地 区 | 2018年 | 2019年 | 2020年 | 2021年 | 2022年 |
|---|---|---|---|---|---|
| **全 国** | **2127** | **2572** | **7211** | **4765** | **3861** |
| 北 京 | | | 5 | 5 | |
| 天 津 | 28 | 13 | 32 | 46 | 15 |
| 河 北 | 246 | 238 | 642 | 270 | 250 |
| 山 西 | 196 | 214 | 720 | 149 | 195 |
| 内蒙古 | 215 | 124 | 843 | 201 | 551 |
| 辽 宁 | 50 | 78 | 147 | 78 | 90 |
| 吉 林 | 9 | 41 | 39 | 125 | 478 |
| 黑龙江 | 31 | 12 | 76 | 149 | 109 |
| 上 海 | | 11 | 1 | 25 | |
| 江 苏 | 197 | 176 | 506 | 677 | 50 |
| 浙 江 | 26 | 15 | 27 | 199 | 83 |
| 安 徽 | 24 | 30 | 134 | 100 | 79 |
| 福 建 | 56 | 82 | 109 | 255 | 11 |
| 江 西 | 62 | 61 | 208 | 36 | 8 |
| 山 东 | 94 | 213 | 440 | 146 | 359 |
| 河 南 | 238 | 327 | 724 | 332 | 52 |
| 湖 北 | 81 | 76 | 91 | 218 | 59 |
| 湖 南 | 100 | 71 | 241 | 135 | 98 |
| 广 东 | 2 | 31 | 111 | 630 | 161 |
| 广 西 | 61 | 90 | 354 | 100 | 191 |
| 海 南 | | | | | |
| 重 庆 | 19 | 18 | 28 | 70 | 29 |
| 四 川 | 47 | 66 | 100 | 104 | 74 |
| 贵 州 | 15 | 78 | 149 | 29 | 12 |
| 云 南 | 0.4 | 7 | 26 | 5 | 109 |
| 西 藏 | | | | 2 | |
| 陕 西 | 59 | 117 | 344 | 130 | 142 |
| 甘 肃 | | 12 | 76 | 351 | 349 |
| 青 海 | 112 | 195 | 379 | 53 | 88 |
| 宁 夏 | 84 | 110 | 260 | 79 | 10 |
| 新 疆 | 74 | 65 | 399 | 69 | 209 |

# 4-17 分地区新增发电装机容量(太阳能发电)

单位:万千瓦

| 地 区 | 2018年 | 2019年 | 2020年 | 2021年 | 2022年 |
|---|---|---|---|---|---|
| **全 国** | **4525** | **2652** | **4820** | **5454** | **8821** |
| 北 京 | 15 | 11 | 11 | 19 | 15 |
| 天 津 | 61 | 23 | 21 | 13 | 40 |
| 河 北 | 389 | 236 | 715 | 731 | 934 |
| 山 西 | 329 | 158 | 220 | 149 | 237 |
| 内蒙古 | 132 | 123 | 147 | 174 | 151 |
| 辽 宁 | 37 | 34 | 56 | 78 | 123 |
| 吉 林 | 129 | 9 | 59 | 9 | 41 |
| 黑龙江 | 143 | 59 | 44 | 102 | 56 |
| 上 海 | 32 | 20 | 28 | 32 | 27 |
| 江 苏 | 452 | 159 | 198 | 232 | 593 |
| 浙 江 | 412 | 205 | 178 | 325 | 697 |
| 安 徽 | 345 | 137 | 116 | 337 | 447 |
| 福 建 | 58 | 22 | 33 | 75 | 188 |
| 江 西 | 120 | 99 | 144 | 135 | 315 |
| 山 东 | 393 | 256 | 647 | 1070 | 927 |
| 河 南 | 294 | 72 | 121 | 381 | 778 |
| 湖 北 | 166 | 125 | 76 | 256 | 456 |
| 湖 南 | 135 | 40 | 47 | 59 | 185 |
| 广 东 | 34 | 104 | 189 | 223 | 570 |
| 广 西 | 30 | 10 | 72 | 107 | 208 |
| 海 南 | 16 | 7 | 0.5 | 25.9 | 99 |
| 重 庆 | 27 | 22 | 4 | 7 | 6 |
| 四 川 | 48 | 7 | 3 | 5 | 14 |
| 贵 州 | 11 | 45 | 547 | 147 | 283 |
| 云 南 | 1 | 33 | 2 | 64 | 246 |
| 西 藏 | 12 | 12 | 27 | 2 | 41 |
| 陕 西 | 155 | 182 | 139 | 230 | 218 |
| 甘 肃 | 65 | 81 | 57 | 164 | 272 |
| 青 海 | 208 | 142 | 457 | 63 | 262 |
| 宁 夏 | 187 | 123 | 282 | 188 | 200 |
| 新 疆 | 87 | 96 | 180 | 50 | 193 |

# 4-18 分地区电源

| 地区 | 2018年 | | 2019年 | |
|---|---|---|---|---|
| | 台数 | 容量 | 台数 | 容量 |
| **全国** | **12235** | **33992** | **16970** | **32774** |
| 北京 | 37 | 75 | 27 | 194 |
| 天津 | 152 | 536 | 58 | 286 |
| 河北 | 1573 | 2402 | 1874 | 2201 |
| 山西 | 965 | 1038 | 1088 | 604 |
| 内蒙古 | 624 | 1263 | 1321 | 1838 |
| 辽宁 | 541 | 1078 | 624 | 918 |
| 吉林 | 24 | 609 | 114 | 487 |
| 黑龙江 | 258 | 501 | 298 | 466 |
| 上海 | 35 | 238 | 35 | 147 |
| 江苏 | 853 | 2249 | 915 | 1667 |
| 浙江 | 177 | 1687 | 349 | 1221 |
| 安徽 | 209 | 1301 | 344 | 685 |
| 福建 | 329 | 1250 | 702 | 1544 |
| 江西 | 567 | 503 | 725 | 330 |
| 山东 | 641 | 2025 | 940 | 2126 |
| 河南 | 913 | 1626 | 1546 | 1603 |
| 湖北 | 421 | 815 | 356 | 837 |
| 湖南 | 328 | 676 | 467 | 595 |
| 广东 | 331 | 2916 | 724 | 3492 |
| 广西 | 688 | 556 | 1038 | 1016 |
| 海南 | 7 | 171 | 7 | 258 |
| 重庆 | 141 | 233 | 160 | 195 |
| 四川 | 666 | 4881 | 633 | 3047 |
| 贵州 | 347 | 227 | 385 | 384 |
| 云南 | 128 | 606 | 247 | 2002 |
| 西藏 | 8 | 115 | 7 | 128 |
| 陕西 | 549 | 1367 | 720 | 1502 |
| 甘肃 | 7 | 406 | 77 | 319 |
| 青海 | 234 | 377 | 399 | 394 |
| 宁夏 | 249 | 1132 | 494 | 988 |
| 新疆 | 233 | 1134 | 296 | 1297 |

# 项目建设规模

单位：台，万千瓦

| 2020年 | | 2021年 | | 2022年 | |
|---|---|---|---|---|---|
| 台数 | 容量 | 台数 | 容量 | 台数 | 容量 |
| **21428** | **36699** | **14433** | **38213** | **28084** | **50215** |
| | | | | | |
| 82 | 39 | | 28 | | 21 |
| 66 | 210 | 57 | 154 | 66 | 244 |
| 2063 | 2744 | 854 | 2092 | 1160 | 2502 |
| 1004 | 1602 | 657 | 1675 | 784 | 1751 |
| 1955 | 3001 | 1888 | 2956 | 4658 | 4409 |
| | | | | | |
| 729 | 1018 | 360 | 1293 | 2832 | 1487 |
| 382 | 573 | 660 | 662 | 744 | 961 |
| 375 | 490 | 476 | 703 | 475 | 618 |
| | | | | | |
| 2 | 160 | 48 | 322 | 232 | 203 |
| 1340 | 1642 | 931 | 1954 | 141 | 2111 |
| 385 | 1593 | 464 | 2129 | 448 | 2778 |
| 332 | 1051 | 234 | 1302 | 255 | 1567 |
| 520 | 1402 | 418 | 1393 | 154 | 1736 |
| 586 | 652 | 131 | 876 | 22 | 1262 |
| 1060 | 2469 | 312 | 2409 | 356 | 3262 |
| | | | | | |
| 1865 | 1514 | 758 | 1458 | 3047 | 1455 |
| 471 | 646 | 396 | 856 | 181 | 1651 |
| 631 | 913 | 241 | 849 | 157 | 1344 |
| 1129 | 3043 | 953 | 3661 | 462 | 4780 |
| 1460 | 1116 | 561 | 1005 | 832 | 1772 |
| 11 | 302 | 17 | 767 | 4834 | 823 |
| | | | | | |
| 188 | 198 | 258 | 257 | 2196 | 388 |
| 734 | 2824 | 528 | 3670 | 459 | 3345 |
| 324 | 805 | 154 | 349 | 139 | 705 |
| 164 | 1498 | 313 | 1723 | 946 | 2663 |
| 7 | 132 | 14 | 87 | 9 | 170 |
| | | | | | |
| 949 | 1456 | 374 | 834 | 373 | 1260 |
| 167 | 380 | 1828 | 1176 | 1308 | 1784 |
| 591 | 898 | 168 | 266 | 122 | 929 |
| 1103 | 689 | 107 | 307 | 24 | 497 |
| 753 | 1637 | 273 | 1002 | 668 | 1738 |

# 4-19 分地区电源项目

| 地区 | 2018年 | | 2019年 | |
|---|---|---|---|---|
| | 台数 | 容量 | 台数 | 容量 |
| **全国** | **3375** | **3787** | **7346** | **3899** |
| 北京 | | | | |
| 天津 | 1 | 69 | 3 | 52 |
| 河北 | 408 | 234 | 657 | 180 |
| 山西 | 216 | 66 | 469 | 161 |
| 内蒙古 | 287 | 250 | 1107 | 534 |
| 辽宁 | 119 | 65 | 218 | 44 |
| 吉林 | 7 | 149 | 95 | 47 |
| 黑龙江 | 73 | 23 | 114 | 30 |
| 上海 | 29 | 109 | 2 | 1 |
| 江苏 | 330 | 275 | 366 | 179 |
| 浙江 | 20 | 272 | 104 | 71 |
| 安徽 | 13 | 144 | 114 | 61 |
| 福建 | 89 | 37 | 277 | 221 |
| 江西 | 223 | 53 | 280 | 84 |
| 山东 | 251 | 218 | 367 | 105 |
| 河南 | 200 | 112 | 853 | 309 |
| 湖北 | 126 | 35 | 109 | 153 |
| 湖南 | 35 | 11 | 248 | 83 |
| 广东 | 9 | 328 | 267 | 361 |
| 广西 | 342 | 221 | 515 | 163 |
| 海南 | 3 | 107 | 2 | 92 |
| 重庆 | 1 | | 78 | 18 |
| 四川 | 189 | 45 | 105 | 359 |
| 贵州 | 89 | 27 | 148 | 173 |
| 云南 | 2 | 5 | 42 | 162 |
| 西藏 | | | | |
| 陕西 | 37 | 515 | 277 | 82 |
| 甘肃 | | | 48 | 13 |
| 青海 | 168 | 169 | 118 | 25 |
| 宁夏 | 68 | 15 | 283 | 102 |
| 新疆 | 40 | 235 | 80 | 33 |

# 建设本年新开工规模

单位：台，万千瓦

| 2020年 | | 2021年 | | 2022年 | |
|---|---|---|---|---|---|
| 台数 | 容量 | 台数 | 容量 | 台数 | 容量 |
| **8473** | **6803** | **6346** | **7677** | **11580** | **15320** |
| 60 | 0.1 | | 6 | | 1 |
| 31 | 12 | 22 | 7 | 14 | 127 |
| 869 | 290 | 274 | 273 | 799 | 650 |
| 463 | 411 | 360 | 155 | 563 | 409 |
| 363 | 808 | 1323 | 1186 | 1446 | 1150 |
| 274 | 104 | 154 | 308 | 1300 | 567 |
| 284 | 105 | 378 | 142 | 167 | 80 |
| 149 | 55 | 170 | 188 | 220 | 235 |
| 2 | 132 | 32 | 127 | 230 | 21 |
| 726 | 359 | 158 | 236 | 18 | 881 |
| 107 | 350 | 58 | 195 | 332 | 600 |
| 95 | 316 | 107 | 81 | 150 | 302 |
| 79 | 160 | | 6 | 22 | 450 |
| 273 | 135 | 80 | 471 | 16 | 274 |
| 347 | 379 | 209 | 178 | 148 | 999 |
| 617 | 180 | 410 | 135 | 464 | 292 |
| 164 | 88 | 234 | 146 | 128 | 765 |
| 262 | 270 | 96 | 67 | 32 | 363 |
| 446 | 806 | 186 | 965 | 150 | 1603 |
| 566 | 422 | 332 | 408 | 399 | 728 |
| 5 | 99 | 5 | 388 | 1654 | 175 |
| 82 | 27 | 159 | 50 | 1103 | 49 |
| 250 | 189 | 195 | 495 | 263 | 202 |
| 23 | 303 | 2 | 247 | 86 | 222 |
| 23 | 5 | 274 | 240 | 536 | 1211 |
| | | 8 | 4 | 3 | 105 |
| 285 | 211 | 97 | 83 | 137 | 391 |
| 138 | 73 | 653 | 551 | 554 | 1002 |
| 263 | 225 | 148 | 132 | 40 | 365 |
| 778 | 107 | 65 | 108 | 22 | 195 |
| 449 | 183 | 157 | 97 | 584 | 903 |

# 4-20 分地区电源项目

| 地区 | 2018年 | | 2019年 | |
|---|---|---|---|---|
| | 台数 | 容量 | 台数 | 容量 |
| **全 国** | **11440** | **31299** | **15652** | **28449** |
| 北 京 | 37 | 75 | 21 | 49 |
| 天 津 | 152 | 536 | 58 | 286 |
| 河 北 | 1553 | 2360 | 1773 | 2121 |
| 山 西 | 899 | 1022 | 939 | 579 |
| 内蒙古 | 624 | 1263 | 1253 | 1755 |
| 辽 宁 | 520 | 1040 | 568 | 836 |
| 吉 林 | 24 | 574 | 112 | 471 |
| 黑龙江 | 255 | 500 | 298 | 466 |
| 上 海 | 32 | 237 | 32 | 146 |
| 江 苏 | 758 | 2113 | 877 | 1501 |
| 浙 江 | 141 | 1664 | 298 | 1204 |
| 安 徽 | 202 | 1292 | 344 | 685 |
| 福 建 | 320 | 1247 | 627 | 1396 |
| 江 西 | 565 | 502 | 640 | 311 |
| 山 东 | 510 | 1965 | 882 | 1989 |
| 河 南 | 794 | 1599 | 1338 | 1389 |
| 湖 北 | 398 | 745 | 277 | 720 |
| 湖 南 | 328 | 676 | 454 | 592 |
| 广 东 | 296 | 2314 | 651 | 2124 |
| 广 西 | 639 | 520 | 1019 | 511 |
| 海 南 | 6 | 151 | 4 | 191 |
| 重 庆 | 127 | 222 | 159 | 195 |
| 四 川 | 603 | 3692 | 577 | 2527 |
| 贵 州 | 350 | 228 | 383 | 384 |
| 云 南 | 120 | 500 | 171 | 1622 |
| 西 藏 | 8 | 115 | 7 | 128 |
| 陕 西 | 476 | 1313 | 665 | 1488 |
| 甘 肃 | 7 | 406 | 77 | 319 |
| 青 海 | 234 | 375 | 364 | 362 |
| 宁 夏 | 234 | 998 | 492 | 822 |
| 新 疆 | 228 | 1057 | 292 | 1280 |

# 建设本年施工规模

单位：台，万千瓦

| 2020年 | | 2021年 | | 2022年 | |
|---|---|---|---|---|---|
| 台数 | 容量 | 台数 | 容量 | 台数 | 容量 |
| **19771** | **34871** | **12173** | **35833** | **20425** | **46406** |
| 80 | 24 | | 28 | | 21 |
| 66 | 210 | 57 | 154 | 64 | 210 |
| 2036 | 2487 | 741 | 2047 | 1146 | 2419 |
| 922 | 1585 | 593 | 1656 | 782 | 1624 |
| 1756 | 2897 | 1765 | 2927 | 4474 | 4094 |
| 606 | 982 | 336 | 1223 | 1572 | 1350 |
| 372 | 511 | 654 | 542 | 731 | 735 |
| 348 | 486 | 476 | 703 | 456 | 583 |
| 2 | 160 | 41 | 322 | 232 | 203 |
| 1322 | 1628 | 882 | 1807 | 129 | 2083 |
| 292 | 1439 | 455 | 2123 | 445 | 2664 |
| 317 | 1018 | 196 | 1145 | 242 | 1380 |
| 511 | 1400 | 269 | 1328 | 150 | 1558 |
| 579 | 634 | 114 | 869 | 22 | 1234 |
| 975 | 2446 | 266 | 2397 | 320 | 3173 |
| 1601 | 1456 | 707 | 1411 | 624 | 1443 |
| 444 | 614 | 336 | 844 | 164 | 1590 |
| 583 | 900 | 226 | 844 | 125 | 1319 |
| 1000 | 2438 | 870 | 3331 | 375 | 4218 |
| 1169 | 911 | 495 | 941 | 752 | 1546 |
| 7 | 196 | 12 | 610 | 2970 | 760 |
| 179 | 195 | 208 | 243 | 1152 | 376 |
| 628 | 2795 | 422 | 3301 | 426 | 2769 |
| 316 | 783 | 126 | 343 | 136 | 632 |
| 151 | 1496 | 309 | 1383 | 854 | 2268 |
| 7 | 132 | 14 | 87 | 9 | 169 |
| 900 | 1446 | 269 | 797 | 349 | 1246 |
| 167 | 380 | 802 | 935 | 965 | 1639 |
| 579 | 895 | 168 | 239 | 95 | 915 |
| 1103 | 689 | 107 | 307 | 24 | 492 |
| 753 | 1637 | 257 | 948 | 640 | 1693 |

# 4-21 分地区电源项目

| 地 区 | 2018年 | | 2019年 | |
|---|---|---|---|---|
| | 台数 | 容量 | 台数 | 容量 |
| **全 国** | **4658** | **15436** | **6457** | **14582** |
| 北 京 | 2 | 56 | 7 | 183 |
| 天 津 | 48 | 319 | 29 | 165 |
| 河 北 | 479 | 882 | 625 | 861 |
| 山 西 | 393 | 838 | 544 | 469 |
| 内蒙古 | 295 | 413 | 183 | 740 |
| 辽 宁 | 178 | 231 | 289 | 195 |
| 吉 林 | 7 | 224 | 52 | 127 |
| 黑龙江 | 43 | 213 | 56 | 164 |
| 上 海 | 5 | 129 | 34 | 147 |
| 江 苏 | 484 | 1394 | 463 | 957 |
| 浙 江 | 103 | 883 | 105 | 315 |
| 安 徽 | 56 | 732 | 40 | 343 |
| 福 建 | 40 | 213 | 269 | 182 |
| 江 西 | 105 | 403 | 227 | 214 |
| 山 东 | 252 | 784 | 356 | 945 |
| 河 南 | 348 | 976 | 726 | 876 |
| 湖 北 | 272 | 435 | 187 | 648 |
| 湖 南 | 154 | 296 | 209 | 184 |
| 广 东 | 68 | 1496 | 151 | 2147 |
| 广 西 | 344 | 252 | 485 | 645 |
| 海 南 | 5 | 76 | 4 | 120 |
| 重 庆 | 79 | 102 | 55 | 52 |
| 四 川 | 155 | 1469 | 253 | 647 |
| 贵 州 | 83 | 26 | 154 | 234 |
| 云 南 | 26 | 499 | 119 | 513 |
| 西 藏 | 1 | 13 | | 26 |
| 陕 西 | 301 | 661 | 253 | 754 |
| 甘 肃 | | 130 | 48 | 108 |
| 青 海 | 86 | 323 | 301 | 370 |
| 宁 夏 | 104 | 506 | 189 | 766 |
| 新 疆 | 142 | 462 | 44 | 486 |

# 建设累计新增生产能力

单位：台，万千瓦

| 2020年 | | 2021年 | | 2022年 | |
|---|---|---|---|---|---|
| 台数 | 容量 | 台数 | 容量 | 台数 | 容量 |
| **16006** | **20562** | **7797** | **19906** | **9935** | **23232** |
| | | | | | |
| 82 | 39 | | 24 | | 19 |
| 32 | 147 | 25 | 125 | 41 | 101 |
| 1657 | 1972 | 462 | 1258 | 970 | 1393 |
| 900 | 1241 | 253 | 973 | 160 | 765 |
| 1375 | 1488 | 383 | 892 | 1041 | 1565 |
| | | | | | |
| 578 | 339 | 95 | 447 | 786 | 593 |
| 181 | 232 | 369 | 382 | 626 | 786 |
| 158 | 305 | 271 | 415 | 122 | 343 |
| | | | | | |
| | 30 | 37 | 117 | 94 | 119 |
| 637 | 1000 | 818 | 1482 | 98 | 769 |
| 97 | 430 | 306 | 798 | 336 | 1107 |
| 229 | 480 | 114 | 697 | 124 | 1160 |
| 223 | 335 | 372 | 715 | 20 | 789 |
| 561 | 638 | 116 | 458 | 9 | 768 |
| 1000 | 1731 | 158 | 1662 | 191 | 1972 |
| | | | | | |
| 1606 | 1145 | 555 | 1025 | 151 | 924 |
| 245 | 452 | 221 | 561 | 99 | 786 |
| 490 | 329 | 147 | 449 | 105 | 500 |
| 332 | 1430 | 807 | 1830 | 179 | 1667 |
| 1342 | 749 | 417 | 415 | 577 | 945 |
| 6 | 204 | 9 | 237 | 1605 | 308 |
| | | | | | |
| 102 | 55 | 175 | 113 | 1134 | 151 |
| 483 | 580 | 317 | 1721 | 226 | 1428 |
| 214 | 738 | 152 | 197 | 43 | 387 |
| 146 | 375 | 26 | 889 | 210 | 1173 |
| 3 | 66 | 14 | 86 | | 43 |
| | | | | | |
| 840 | 1106 | 259 | 422 | 156 | 608 |
| 105 | 350 | 434 | 544 | 479 | 661 |
| 571 | 839 | 120 | 144 | 76 | 384 |
| 1102 | 676 | 107 | 276 | 23 | 456 |
| 709 | 1062 | 258 | 554 | 254 | 563 |

# 4-22 分地区电网建设本年投资完成情况

单位：万元

| 地　区 | 2018年 | 2019年 | 2020年 | 2021年 | 2022年 |
|---|---|---|---|---|---|
| **全　国** | **53738169** | **50117312** | **48963113** | **49162538** | **50060395** |
| 国网总部 | 1368022 | 1453713 | 2907712 | 1987563 | 2123937 |
| 华北分部 | | | | | |
| 北　京 | 1769675 | 1164449 | 936046 | 823809 | 811866 |
| 天　津 | 907221 | 1223389 | 1044922 | 1027660 | 921607 |
| 河北(南网) | 1756406 | 1367528 | 1249529 | 1325404 | 1227343 |
| 冀　北 | 1618901 | 751313 | 844463 | 492312 | 500157 |
| 山　西 | 982932 | 1071603 | 1324875 | 1064315 | 1135360 |
| 内蒙(蒙西) | 1598873 | 1506406 | 1358953 | 1197780 | 1786166 |
| 山　东 | 4415406 | 3108897 | 2470763 | 2682665 | 2548658 |
| 东北分部 | 25719 | 3969 | 22838 | 13136 | 15484 |
| 辽　宁 | 1353444 | 1236800 | 1112644 | 1154246 | 1424538 |
| 吉　林 | 318308 | 289944 | 210664 | 462390 | 541793 |
| 黑 龙 江 | 364494 | 253528 | 210288 | 239880 | 271709 |
| 蒙　东 | 749578 | 531533 | 670361 | 402024 | 451863 |
| 华东分部 | | | | | |
| 上　海 | 1650579 | 1148080 | 1000064 | 923815 | 968169 |
| 江　苏 | 3343917 | 3179636 | 3098467 | 4766227 | 3660199 |
| 浙　江 | 3194514 | 2901515 | 2524114 | 3072560 | 4496991 |
| 安　徽 | 3109383 | 1461847 | 1461847 | 1419576 | 1513376 |
| 福　建 | 1401072 | 1270902 | 1109066 | 1290397 | 1634513 |
| 华中分部 | | | | | |
| 湖　北 | 1767517 | 1455249 | 1535987 | 1453409 | 1246444 |
| 湖　南 | 1591450 | 2047266 | 2402017 | 2359076 | 2128230 |
| 河　南 | 3183350 | 3070919 | 2346480 | 2362629 | 2320373 |
| 四　川 | 1399450 | 1358159 | 1481069 | 1977263 | 1856609 |
| 重　庆 | 708289 | 580264 | 522460 | 562087 | 638811 |
| 江　西 | 931476 | 1271506 | 1772524 | 1819920 | 1240026 |
| 西北分部 | | | | | |
| 陕　西 | 1143586 | 469445 | 557477 | 725004 | 1412499 |
| 甘　肃 | 437719 | 765222 | 684460 | 753283 | 725056 |
| 青　海 | 609456 | 1257703 | 762822 | 682325 | 678433 |
| 宁　夏 | 316278 | 308371 | 385720 | 433170 | 455350 |
| 新　疆 | 1431238 | 1285633 | 1640898 | 1418251 | 1368749 |
| 西　藏 | 936625 | 889505 | 1063915 | 278668 | 560954 |
| 南网总部 | 635026 | 1100205 | 799495 | 176543 | 24646 |
| 广　东 | 4903438 | 5534692 | 5534692 | 5397394 | 5723017 |
| 广　西 | 934024 | 1607545 | 1463649 | 1443319 | 1105726 |
| 云　南 | 889584 | 1208658 | 1141576 | 1286850 | 1140250 |
| 贵　州 | 1404183 | 1409891 | 913963 | 1197060 | 996645 |
| 海　南 | 587037 | 572028 | 396292 | 490530 | 404847 |

# 4-23 分电压等级电网建设本年投资完成情况

单位：万元

| 电压等级 | 2018年 | 2019年 | 2020年 | 2021年 | 2022年 |
| --- | --- | --- | --- | --- | --- |
| **全　国** | **53738169** | **50117312** | **48963113** | **49162538** | **50060395** |
| **输变电** | **51332415** | **47793236** | **47206622** | **47636644** | **48507901** |
| 1.直流工程 | 5204685 | 2494928 | 5323282 | 3801871 | 3156486 |
| ±1100千伏 | 1133628 | | | | |
| ±800千伏 | 3095849 | 2192823 | 4991902 | 3759669 | 2921831 |
| ±660千伏 | | | | | |
| ±500千伏 | 975208 | 292105 | 331380 | 42202 | 234655 |
| ±400千伏 | | 10000 | | | |
| 2.交流工程 | 46127730 | 45298308 | 41883339 | 43834772 | 45052685 |
| 1000千伏 | 1837307 | 1599741 | 897924 | 1515392 | 1807756 |
| 750千伏 | 927776 | 981154 | 999720 | 895250 | 593809 |
| 500千伏 | 4852910 | 3596383 | 4736655 | 4960172 | 6113602 |
| 330千伏 | 419812 | 353628 | 455553 | 486926 | 603588 |
| 220千伏 | 6612618 | 6200893 | 6380481 | 7428260 | 8396732 |
| 110千伏(含66千伏) | 6494009 | 6464522 | 6228067 | 7339507 | 7709282 |
| 3.单独立项二次项 | | | | | 298730 |
| **其他** | **2405754** | **2324077** | **1756491** | **1525894** | **1552494** |

# 4-24 电网建设本年投资完成情况(建筑工程)

单位：万元

| 电压等级 | 2018年 | 2019年 | 2020年 | 2021年 | 2022年 |
|---|---|---|---|---|---|
| **全　国** | **7860394** | **6734280** | **6356193** | **6506752** | **5073277** |
| **输变电** | **7118312** | **6083696** | **5953680** | **6151107** | **4809520** |
| 1.直流工程 | 708477 | 319921 | 576959 | 500732 | 179805 |
| ±1100千伏 | 12360 | | | | |
| ±800千伏 | 238035 | 263744 | 541456 | 482005 | 150265 |
| ±660千伏 | | | | | |
| ±500千伏 | 458083 | 56177 | 35503 | 18727 | 29540 |
| ±400千伏 | | | | | |
| 2.交流工程 | 6409835 | 5763775 | 5376721 | 5650375 | 4621840 |
| 1000千伏 | 174678 | 184976 | 22529 | 121049 | 71062 |
| 750千伏 | 62218 | 108341 | 90206 | 54580 | 18322 |
| 500千伏 | 657646 | 392964 | 462733 | 545099 | 621209 |
| 330千伏 | 61129 | 33447 | 61711 | 58813 | 44823 |
| 220千伏 | 1158123 | 1058158 | 1166116 | 1325569 | 1376436 |
| 110千伏(含66千伏) | 1463923 | 1361072 | 1341982 | 1608075 | 1539548 |
| 3.单独立项二次项 | | | | | 7874 |
| **其他** | **742082** | **650583** | **402513** | **355645** | **263758** |

# 4-25 电网建设本年投资完成情况(安装工程)

单位：万元

| 电压等级 | 2018年 | 2019年 | 2020年 | 2021年 | 2022年 |
|---|---|---|---|---|---|
| **全 国** | **20499102** | **19692101** | **18213558** | **17930224** | **12745180** |
| **输变电** | **20018276** | **19197157** | **17768604** | **17571712** | **12289271** |
| 1.直流工程 | 1886608 | 1355678 | 1547219 | 1100320 | 1271103 |
| ±1100千伏 | 598609 | | | | |
| ±800千伏 | 1127191 | 1275962 | 1447866 | 1090956 | 1237005 |
| ±660千伏 | | | | | |
| ±500千伏 | 160808 | 77569 | 99353 | 9364 | 34098 |
| ±400千伏 | | 2148 | | | |
| 2.交流工程 | 18131668 | 17841478 | 16221385 | 16471392 | 10996573 |
| 1000千伏 | 647577 | 663044 | 284184 | 702095 | 542084 |
| 750千伏 | 403740 | 583107 | 565423 | 467085 | 281172 |
| 500千伏 | 2030144 | 1299895 | 2047364 | 2241615 | 2674752 |
| 330千伏 | 142048 | 173188 | 205570 | 185626 | 236343 |
| 220千伏 | 2466922 | 2285368 | 2342280 | 2688925 | 3003133 |
| 110千伏(含66千伏) | 1932040 | 2040905 | 1940451 | 2168346 | 2117425 |
| 3.单独立项二次项 | | | | | 21595 |
| **其他** | **480825** | **494944** | **444954** | **358512** | **455909** |

# 4–26　电网建设本年投资完成情况(设备工器具购置)

单位：万元

| 电压等级 | 2018年 | 2019年 | 2020年 | 2021年 | 2022年 |
|---|---|---|---|---|---|
| **全　国** | **17139125** | **14551142** | **15379761** | **14649064** | **11114326** |
| **输变电** | **16378095** | **13906746** | **14758165** | **14117635** | **10573005** |
| 1.直流工程 | 2345722 | 579068 | 2535307 | 1197796 | 1024499 |
| ±1100千伏 | 518000 | | | | |
| ±800千伏 | 1493672 | 443435 | 2444887 | 1197796 | 893522 |
| ±660千伏 | | | | | |
| ±500千伏 | 334050 | 127958 | 90420 | | 130977 |
| ±400千伏 | | 7674 | | | |
| 2.交流工程 | 14032373 | 13327679 | 12222857 | 12919839 | 9366032 |
| 1000千伏 | 823213 | 541517 | 417788 | 420723 | 634252 |
| 750千伏 | 310145 | 182103 | 230720 | 227440 | 146607 |
| 500千伏 | 887730 | 1021560 | 1137999 | 1161418 | 1192408 |
| 330千伏 | 115025 | 110077 | 118993 | 147430 | 153411 |
| 220千伏 | 1562955 | 1360334 | 1485684 | 1817188 | 2255584 |
| 110千伏(含66千伏) | 1934563 | 1687557 | 1657557 | 2113183 | 2493503 |
| 3.单独立项二次项 | | | | | 182474 |
| **其他** | **761031** | **644395** | **621596** | **531429** | **541321** |

# 4-27　电网建设本年投资完成情况(其它费用)

单位：万元

| 电压等级 | 2018年 | 2019年 | 2020年 | 2021年 | 2022年 |
|---|---|---|---|---|---|
| **全　国** | **8239547** | **9139790** | **9013601** | **10076498** | **21127611** |
| **输变电** | **7817732** | **8605636** | **8726173** | **9796190** | **20836105** |
| 1.直流工程 | 263878 | 240261 | 663797 | 1003023 | 681079 |
| ±1100千伏 | 4659 | | | | |
| ±800千伏 | 236951 | 209682 | 557693 | 988912 | 641039 |
| ±660千伏 | | | | | |
| ±500千伏 | 22269 | 30401 | 106104 | 14111 | 40040 |
| ±400千伏 | | 178 | | | |
| 2.交流工程 | 7553854 | 8365375 | 8062376 | 8793167 | 20068240 |
| 1000千伏 | 191839 | 210204 | 173423 | 271524 | 560358 |
| 750千伏 | 151672 | 107603 | 113370 | 146144 | 147708 |
| 500千伏 | 1277390 | 881964 | 1088558 | 1012040 | 1625232 |
| 330千伏 | 101611 | 36916 | 69279 | 95057 | 169012 |
| 220千伏 | 1424617 | 1497033 | 1386400 | 1596578 | 1761580 |
| 110千伏(含66千伏) | 1163483 | 1374987 | 1288076 | 1449903 | 1558806 |
| | | | | | 86786 |
| **其他** | **421815** | **534154** | **287428** | **280308** | **291506** |

# 4-28 电网

| 电压等级 | 2018年 | | 2019年 | |
|---|---|---|---|---|
| | 容量 | 长度 | 容量 | 长度 |
| **全　国** | | **202586** | | **177201** |
| **1.直流工程** | **11500** | **13919** | **9700** | **11027** |
| ±1100千伏 | 2400 | 4010 | 1800 | 4010 |
| ±800千伏 | 8200 | 8658 | 6000 | 5945 |
| ±660千伏 | | | | |
| ±500千伏 | 900 | 1251 | 900 | 1073 |
| ±400千伏 | | | 1000 | |
| **2.交流工程(110千伏及以上)** | **103483** | **188668** | **95307** | **166174** |
| 1000千伏 | 2400 | 2399 | 4800 | 4316 |
| 750千伏 | 6570 | 6525 | 8840 | 8350 |
| 500千伏 | 29968 | 30060 | 25333 | 22478 |
| 330千伏 | 2949 | 7419 | 3705 | 7328 |
| 220千伏 | 33467 | 75889 | 29630 | 62940 |
| 110千伏(含66千伏) | 28130 | 66375 | 22999 | 60762 |

# 建设规模

单位：万千伏安，万千瓦，千米

| 2020年 | | 2021年 | | 2022年 | |
|---|---|---|---|---|---|
| 容量 | 长度 | 容量 | 长度 | 容量 | 长度 |
| | **176608** | | **154506** | | **201630** |
| **12600** | **13148** | **10600** | **15660** | **8200** | **12332** |
| | 1768 | | 1768 | | 1768 |
| 11400 | 10321 | 10400 | 13747 | 8000 | 10421 |
| | | | | | |
| 1200 | 1059 | 200 | 145 | 200 | 143 |
| | | | | | |
| **104095** | **163460** | **93857** | **138846** | **108653** | **189298** |
| 6000 | 3411 | 4200 | 2212 | 4800 | 26499 |
| 6850 | 6153 | 5040 | 4908 | 6240 | 4198 |
| 25436 | 22532 | 26546 | 22246 | 32583 | 25653 |
| 4330 | 7010 | 2158 | 3063 | 3523 | 5162 |
| 31777 | 61314 | 30863 | 51277 | 34980 | 63847 |
| 29701 | 63040 | 25050 | 55141 | 26527 | 63938 |

# 4–29　电网建设

| 电压等级 | 2018年 | | 2019年 | |
|---|---|---|---|---|
| | 容量 | 长度 | 容量 | 长度 |
| **全　国** | | **162751** | | **160164** |
| **1.直流工程** | **9400** | **8637** | **9000** | **9075** |
| ±1100千伏 | 2400 | 4010 | 1800 | 4010 |
| ±800千伏 | 6100 | 3938 | 5000 | 3992 |
| ±660千伏 | | | | |
| ±500千伏 | 900 | 689 | 1200 | 1074 |
| ±400千伏 | | | 1000 | |
| **2.交流工程(110千伏及以上)** | **85931** | **154115** | **88187** | **151088** |
| 1000千伏 | 2100 | 2399 | 4800 | 4316 |
| 750千伏 | 5370 | 6423 | 8630 | 8350 |
| 500千伏 | 26463 | 26012 | 23603 | 19409 |
| 330千伏 | 1988 | 4757 | 3489 | 7300 |
| 220千伏 | 26637 | 57529 | 26136 | 54343 |
| 110千伏(含66千伏) | 23374 | 56995 | 21528 | 57370 |

# 本年施工规模

单位：万千伏安，万千瓦，千米

| 2020年 | | 2021年 | | 2022年 | |
|---|---|---|---|---|---|
| 容量 | 长度 | 容量 | 长度 | 容量 | 长度 |
| | **150404** | | **140776** | | **153877** |
| **12600** | **13147** | **9800** | **14208** | **5800** | **11094** |
| | 1768 | | 1768 | | 1768 |
| 11400 | 10321 | 9600 | 12295 | 5600 | 9183 |
| 1200 | 1059 | 200 | 145 | 200 | 143 |
| **87746** | **137257** | **85759** | **126568** | **89135** | **142783** |
| 5400 | 2806 | 4200 | 2212 | 4800 | 4847 |
| 6430 | 6051 | 5040 | 4908 | 4620 | 3455 |
| 21568 | 17874 | 23918 | 21063 | 26558 | 20255 |
| 4114 | 6982 | 2086 | 3020 | 3187 | 4301 |
| 25303 | 48944 | 27411 | 44885 | 27871 | 54727 |
| 24931 | 54600 | 23104 | 50480 | 22098 | 55198 |

# 4-30 电网建设

| 电压等级 | 2018年 | | 2019年 | |
|---|---|---|---|---|
| | 容量 | 长度 | 容量 | 长度 |
| **全 国** | | **54031** | | **58731** |
| **1.直流工程** | **2500** | **2253** | **1900** | **1295** |
| ±1100千伏 | | | | |
| ±800千伏 | 1600 | 1604 | 1600 | 909 |
| ±660千伏 | | | | |
| ±500千伏 | 900 | 649 | 300 | 386 |
| ±400千伏 | | | | |
| **2.交流工程(110千伏及以上)** | **30872** | **51778** | **34390** | **57436** |
| 1000千伏 | 1500 | 2169 | 2100 | 1128 |
| 750千伏 | 1800 | 2163 | 2615 | 1386 |
| 500千伏 | 8437 | 6027 | 9493 | 8563 |
| 330千伏 | 1122 | 1318 | 1188 | 1810 |
| 220千伏 | 9125 | 19500 | 10163 | 18694 |
| 110千伏(含66千伏) | 8888 | 20600 | 8831 | 25855 |

# 本年新开工规模

单位：万千伏安，万千瓦，千米

| 2020年 | | 2021年 | | 2022年 | |
|---|---|---|---|---|---|
| 容量 | 长度 | 容量 | 长度 | 容量 | 长度 |
| | **61102** | | **48647** | | **63752** |
| **3800** | **3890** | **1800** | **2285** | | |
| 3200 | 3224 | 1600 | 2140 | | |
| 600 | 666 | 200 | 145 | | |
| **35202** | **57213** | **28953** | **46362** | **42218** | **63752** |
| 3300 | 690 | 600 | 1522 | 3600 | 3325 |
| 1520 | 2038 | 1200 | 702 | 1800 | 1130 |
| 8580 | 8676 | 7435 | 6657 | 14463 | 9071 |
| 2008 | 3004 | 672 | 537 | 1749 | 2563 |
| 10920 | 20330 | 10371 | 16942 | 11368 | 23417 |
| 8874 | 22474 | 8675 | 20002 | 9238 | 24247 |

# 4–31 电网建设

| 电压等级 | 2018年 | | 2019年 | |
|---|---|---|---|---|
| | 容量 | 长度 | 容量 | 长度 |
| **全 国** | | **80787** | | **71109** |
| **1.直流工程** | **4700** | **7118** | **3800** | **3510** |
| ±1100千伏 | **1200** | 3325 | 1800 | 1557 |
| ±800千伏 | 3500 | 3231 | 1000 | 1953 |
| ±660千伏 | | | | |
| ±500千伏 | | 562 | | |
| ±400千伏 | | | 1000 | |
| **2.交流工程(110千伏及以上)** | **40730** | **73669** | **37608** | **67599** |
| 1000千伏 | 900 | 129 | 1500 | 2100 |
| 750千伏 | 2340 | 1733 | 3455 | 4566 |
| 500千伏 | 13225 | 17650 | 9995 | 8095 |
| 330千伏 | 1887 | 4342 | 1623 | 4245 |
| 220千伏 | 11770 | 25612 | 11775 | 24284 |
| 110千伏(含66千伏) | 10608 | 24203 | 9260 | 24310 |

# 累计新增能力

单位：万千伏安，万千瓦，千米

| 2020年 | | 2021年 | | 2022年 | |
|---|---|---|---|---|---|
| 容量 | 长度 | 容量 | 长度 | 容量 | 长度 |
| | **67542** | | **60620** | | **65601** |
| **5200** | **4444** | **4000** | **4292** | **1800** | **2223** |
| 4000 | 3389 | 4000 | 4292 | 1600 | 2080 |
| 1200 | 1055 | | | 200 | 143 |
| **34042** | **63098** | **37679** | **56328** | **39816** | **63378** |
| 1800 | 1736 | 1800 | 690 | 600 | 1451 |
| 2620 | 1818 | 1800 | 2235 | 2370 | 1242 |
| 8355 | 8137 | 10998 | 8820 | 12420 | 8849 |
| 1674 | 3014 | 576 | 823 | 861 | 1284 |
| 10576 | 21107 | 12178 | 20026 | 13186 | 25988 |
| 9017 | 27286 | 10327 | 23735 | 10379 | 24566 |

# 4-32　分地区新增换流容量(直流)

单位:万千瓦

| 地　区 | 2018年 | 2019年 | 2020年 | 2021年 | 2022年 |
|---|---|---|---|---|---|
| **全　国** | **3200** | **2200** | **5200** | **3200** | **1800** |
| 国网总部 | 1500 | 1000 | 1600 | 1600 | 800 |
| 华北分部 | | | | | |
| 北　京 | | | 300 | | |
| 天　津 | | | | | |
| 河北(南网) | | | | | |
| 冀　北 | | | 600 | | |
| 山　西 | | | | | |
| 内蒙(蒙西) | | | | | |
| 山　东 | | | | | |
| 东北分部 | | | | | |
| 辽　宁 | | | | | |
| 吉　林 | | | | | |
| 黑 龙 江 | | | | | |
| 蒙　东 | | | | | |
| 华东分部 | | | | | |
| 上　海 | | | | | |
| 江　苏 | | | | | 800 |
| 浙　江 | | | | | |
| 安　徽 | 600 | 600 | | | |
| 福　建 | | | | | 200 |
| 华中分部 | | | | | |
| 湖　北 | | | | 800 | |
| 湖　南 | | | | | |
| 河　南 | | | 800 | | |
| 四　川 | | | | | |
| 重　庆 | | | | | |
| 江　西 | | | | 800 | |
| 西北分部 | | | | | |
| 陕　西 | | | | | |
| 甘　肃 | | | | | |
| 青　海 | | | | | |
| 宁　夏 | | | | | |
| 新　疆 | 600 | 600 | | | |
| 西　藏 | | | | | |
| 南网总部 | 500 | | 1900 | | |
| 广　东 | | | | | |
| 广　西 | | | | | |
| 云　南 | | | | | |
| 贵　州 | | | | | |
| 海　南 | | | | | |

# 4–33 分电压等级新增换流容量(直流)

单位:万千瓦

| 电压等级 | 2018年 | 2019年 | 2020年 | 2021年 | 2022年 |
|---|---|---|---|---|---|
| **合　　计** | **3200** | **2200** | **5200** | **3200** | **1800** |
| ±1100千伏 | 1200 | 1200 | | | |
| ±800千伏 | 2000 | | 4000 | 3200 | 1600 |
| ±660千伏 | | | | | |
| ±500千伏 | | | 1200 | | 200 |
| ±400千伏 | | 1000 | | | |

# 4-34 分地区新增110千伏及以上变电设备容量(交流)

单位:万千伏安

| 地　区 | 2018年 | 2019年 | 2020年 | 2021年 | 2022年 |
|---|---|---|---|---|---|
| **全　国** | **31024** | **31915** | **31292** | **33686** | **35320** |
| 国网总部 |  | 310 | 100 |  | 600 |
| 华北分部 |  |  |  |  |  |
| 北　京 | 1219 | 1054 | 727 | 516 | 285 |
| 天　津 | 101 | 1282 | 501 | 366 | 491 |
| 河北(南网) | 1093 | 862 | 573 | 761 | 775 |
| 冀　北 | 480 | 311 | 1055 | 298 | 444 |
| 山　西 | 363 | 485 | 688 | 1697 | 941 |
| 内蒙(蒙西) | 1072 | 1901 | 1269 | 907 | 953 |
| 山　东 | 1634 | 3609 | 2627 | 2477 | 3089 |
| 东北分部 |  |  |  |  |  |
| 辽　宁 | 860 | 525 | 692 | 1110 | 3310 |
| 吉　林 | 744 | 105 | 201 | 171 | 366 |
| 黑 龙 江 | 855 | 131 | 145 | 44 | 176 |
| 蒙　东 | 529 | 221 | 133 | 1198 | 268 |
| 华东分部 |  |  |  |  |  |
| 上　海 | 1058 | 659 | 363 | 368 | 665 |
| 江　苏 | 3900 | 2693 | 2741 | 2943 | 3069 |
| 浙　江 | 2572 | 2364 | 2697 | 2026 | 1647 |
| 安　徽 | 1278 | 2122 | 2542 | 1191 | 1338 |
| 福　建 | 1301 | 1042 | 955 | 1180 | 899 |
| 华中分部 |  |  |  |  |  |
| 湖　北 | 817 | 560 | 896 | 683 | 1293 |
| 湖　南 | 676 | 1440 | 1528 | 2180 | 1643 |
| 河　南 | 1877 | 1953 | 2236 | 1496 | 1765 |
| 四　川 | 589 | 626 | 718 | 851 | 1914 |
| 重　庆 | 368 | 909 | 314 | 590 | 345 |
| 江　西 | 933 | 782 | 1118 | 2053 | 935 |
| 西北分部 |  |  |  |  |  |
| 陕　西 | 647 | 1265 | 1233 | 559 | 837 |
| 甘　肃 | 428 | 360 | 525 | 241 | 332 |
| 青　海 | 93 | 155 | 931 | 657 | 1276 |
| 宁　夏 | 643 | 643 | 393 | 530 | 645 |
| 新　疆 | 718 | 1286 | 742 | 1295 | 1139 |
| 西　藏 | 884 | 106 | 91 | 64 | 16 |
| 南网总部 |  | 175 | 475 | 100 |  |
| 广　东 | 1851 | 770 | 343 | 3435 | 1979 |
| 广　西 | 310 | 234 | 411 | 270 | 103 |
| 云　南 | 484 | 318 | 667 | 918 | 1043 |
| 贵　州 | 489 | 600 | 505 | 408 | 414 |
| 海　南 | 160 | 59 | 159 | 102 | 328 |

# 4-35 分电压等级新增110千伏及以上变电设备容量(交流)

单位:万千伏安

| 电压等级 | 2018年 | 2019年 | 2020年 | 2021年 | 2022年 |
|---|---|---|---|---|---|
| **合　计** | **31024** | **31915** | **31292** | **33686** | **35320** |
| 1000千伏 | 900 | 1500 | 1800 | 1800 | 600 |
| 750千伏 | 1140 | 3245 | 1860 | 1800 | 2370 |
| 500千伏 | 11160 | 8645 | 8255 | 10348 | 11395 |
| 330千伏 | 612 | 1263 | 1098 | 576 | 861 |
| 220千伏 | 8402 | 9161 | 9275 | 9774 | 10784 |
| 110千伏(含66千伏) | 8810 | 8100 | 9004 | 9388 | 9310 |

# 4-36 分地区新增110千伏及以上输电线路长度

单位：千米

| 地　　区 | 2018年 | 2019年 | 2020年 | 2021年 | 2022年 |
|---|---|---|---|---|---|
| **全　　国** | **60298** | **57935** | **61682** | **54824** | **62393** |
| 国网总部 | 1823 | 1558 | 2221 | 2586 | 1456 |
| 华北分部 | | | | | |
| 北　　京 | 599 | 702 | 480 | 128 | 280 |
| 天　　津 | 132 | 1058 | 808 | 616 | 501 |
| 河北(南网) | 1010 | 1766 | 1396 | 1245 | 876 |
| 冀　　北 | 1679 | 1676 | 1582 | 284 | 870 |
| 山　　西 | 1205 | 1379 | 2740 | 1691 | 838 |
| 内蒙(蒙西) | 2513 | 1194 | 1163 | 773 | 2390 |
| 山　　东 | 2736 | 5812 | 4094 | 4171 | 4469 |
| 东北分部 | | | | | |
| 辽　　宁 | 2803 | 1437 | 1979 | 1450 | 7749 |
| 吉　　林 | 3285 | 397 | 452 | 186 | 1232 |
| 黑 龙 江 | 2550 | 370 | 224 | 155 | 251 |
| 蒙　　东 | 3438 | 1351 | 1087 | 1800 | 1290 |
| 华东分部 | | | | | |
| 上　　海 | 958 | 432 | 182 | 297 | 444 |
| 江　　苏 | 3331 | 3312 | 4393 | 4357 | 6697 |
| 浙　　江 | 3330 | 2195 | 2908 | 2307 | 2452 |
| 安　　徽 | 3559 | 5320 | 2649 | 2014 | 1866 |
| 福　　建 | 1323 | 2150 | 1446 | 1839 | 1752 |
| 华中分部 | | | | | |
| 湖　　北 | 2012 | 1071 | 1735 | 1701 | 1734 |
| 湖　　南 | 937 | 1928 | 2394 | 2935 | 3012 |
| 河　　南 | 2272 | 3769 | 4854 | 2814 | 3366 |
| 四　　川 | 2042 | 1986 | 1075 | 2555 | 3819 |
| 重　　庆 | 766 | 1058 | 987 | 842 | 578 |
| 江　　西 | 1479 | 1861 | 2388 | 2741 | 1814 |
| 西北分部 | | | | | |
| 陕　　西 | 916 | 2442 | 1212 | 1297 | 1087 |
| 甘　　肃 | 192 | 1017 | 1402 | 521 | 490 |
| 青　　海 | 144 | 1682 | 2553 | 470 | 911 |
| 宁　　夏 | 877 | 877 | 258 | 812 | 635 |
| 新　　疆 | 3032 | 1868 | 3087 | 4185 | 2603 |
| 西　　藏 | 2306 | 1532 | 2137 | 1002 | 179 |
| 南网总部 | | | 1841 | | 1 |
| 广　　东 | 3305 | 1095 | 568 | 4049 | 3264 |
| 广　　西 | 828 | 1120 | 1242 | 455 | 368 |
| 云　　南 | 1671 | 1220 | 2480 | 1902 | 1845 |
| 贵　　州 | 1122 | 1207 | 1143 | 413 | 726 |
| 海　　南 | 125 | 93 | 522 | 232 | 549 |

# 4-37 分电压等级新增110千伏及以上输电线路长度

单位：千米

| 电压等级 | 2018年 | 2019年 | 2020年 | 2021年 | 2022年 |
|---|---|---|---|---|---|
| **交直流合计** | **60298** | **57935** | **61682** | **54824** | **62393** |
| **直流合计** | **3325** | | **4444** | **2840** | **2223** |
| ±1100千伏 | 3325 | | | | |
| ±800千伏 | | | 3389 | 2840 | 2080 |
| ±660千伏 | | | | | |
| ±500千伏 | | | 1055 | | 143 |
| ±400千伏 | | | | | |
| **交流合计** | **56973** | **57935** | **57237** | **51984** | **60170** |
| 1000千伏 | 129 | 2100 | 1736 | 690 | 1451 |
| 750千伏 | 1573 | 4406 | 1090 | 2235 | 1242 |
| 500千伏 | 14540 | 5595 | 7424 | 8144 | 8676 |
| 330千伏 | 828 | 3989 | 1566 | 823 | 1284 |
| 220千伏 | 20697 | 19822 | 18768 | 17420 | 23812 |
| 110千伏(含66千伏) | 19206 | 22023 | 26653 | 22671 | 23706 |

# 主要统计指标解释

**1.计划总投资**：指建设项目或企业、事业单位中的建设工程，按照总体设计规定的内容全部建成计划(或按设计概算或预算)需要的总投资，即动态投资。单纯购置单位应填报单纯购置的计划总投资。计划总投资按以下办法确定填报：

（1）有上级批准概(预)算投资或计划总投资的，填列上级批准数；

（2）无上级批准概(预)算投资或计划总投资的，可填列上报的计划总投资数；

（3）前两者都没有的，填年内施工工程计划总投资。

调整概算经批准的，可调整计划总投资，未经批准的不应调整计划总投资。

**2.自开工累计完成投资**：指建设项目从开始建设至报告期末止累计完成的全部投资。其计算范围原则上与“计划总投资”指标包括的工程内容相一致。报告期以前已建成投产或停、缓建工程完成的投资以及拆除、报废工程的投资，仍应包括在内。但转出的“在建工程”累计投资应予以扣除，转入的“在建工程”以前年度完成的投资应当包括。

**3.本年完成投资**：指从本年 1 月 1 日起至报告期末止完成的全部投资额。实际完成投资额是以货币表示的工作量指标，包括实际完成的建筑安装工程价值，设备、工具、器具的购置费，以及实际发生的其他费用。

**4.建设规模**：指建设项目或工程设计文件中规定的全部设计能力。包括已经建成投产和尚未建成投产的工程的生产能力，但不包括改、扩建以前原有的生产能力。

**5.本年施工规模**：指报告期内施工的单项工程（机组）的设计能力，即全部建设规模中在本年正式施工的部分。设计规定有多种产品的，要将主要产品的施工规模逐一列出。本年施工规模包括报告期以前已开工跨入本年继续施工的单项工程的设计能力和报告期新开工工程的设计能力，也包括报告期内建成投入生产的或报告期施工后又停缓建的单项工程设计能力，但不包括在报告期以前开工并已投产的或已经停、缓建的工程，以及报告期内尚未正式开工的单项工程的设计能力。

**6.本年新开工规模**：指本年 1 月 1 日起至报告期止新开工建设工程的设计能力。新开工项目的确定以总体设计或计划文件中规定的永久性工程正式开工为准。

**7.累计新增生产能力**：指自开始建设至报告期止建成投产的全部单项工程（机组）累计的新增生产能力。包括报告期以前已经建成投产和报告期内建成投入生产的单项工程（机组）的生产能力。

**8.本年新增生产能力**：指在本年度内按照新增生产能力的计算条件和标准，实际建成投入生产或交付使用的生产能力。

# 5

# 世界主要国家和地区数据

# 5-1　世界主要国家和地区发电量

单位：百万千瓦时

| 地　　区 | 2010年 | 2015年 | 2019年 | 2020年 |
|---|---|---|---|---|
| **世界** | **21539096** | **24287145** | **26957571** | **26720546** |
| 中国 | 4197204 | 5838435 | 7472453 | 7731928 |
| 美国 | 4354363 | 4297048 | 4370988 | 4238970 |
| 印度 | 974483 | 1356988 | 1646849 | 1533307 |
| 俄罗斯 | 1036116 | 1065623 | 1119699 | 1087866 |
| 日本 | 1164017 | 1054502 | 1032967 | 1009037 |
| 加拿大 | 602945 | 657833 | 652564 | 651785 |
| 巴西 | 515713 | 581488 | 626328 | 621198 |
| 韩国 | 496718 | 549047 | 578034 | 575324 |
| 德国 | 626720 | 642388 | 600977 | 566112 |
| 法国 | 564476 | 574507 | 566254 | 527292 |
| 沙特阿拉伯 | 240071 | 360281 | 387662 | 395118 |
| 伊朗 | 232959 | 280633 | 321570 | 324845 |
| 墨西哥 | 275538 | 310712 | 344176 | 314549 |
| 英国 | 379584 | 336932 | 322089 | 309857 |
| 土耳其 | 211208 | 261783 | 303898 | 306703 |
| 印度尼西亚 | 169755 | 233984 | 295445 | 291826 |
| 意大利 | 298773 | 281560 | 292018 | 278588 |
| 澳大利亚 | 252614 | 251294 | 263660 | 264793 |
| 西班牙 | 298320 | 277683 | 271029 | 259882 |
| 南非 | 256648 | 246736 | 247584 | 234725 |
| 瑞典 | 148445 | 161985 | 168417 | 163782 |
| 波兰 | 157089 | 164341 | 163282 | 157224 |
| 乌克兰 | 188828 | 162108 | 152794 | 148408 |

资料来源：国际能源署《世界能源平衡表》，下同。

# 5-2 世界主要国家和地区国内生产总值电耗(2015年价)

单位：千瓦时/美元

| 地 区 | 2010年 | 2015年 | 2019年 | 2020年 |
|---|---|---|---|---|
| **世界** | **0.304** | **0.297** | **0.296** | **0.305** |
| OECD合计 | 0.241 | 0.219 | 0.205 | 0.210 |
| 非OECO合计 | 0.426 | 0.427 | 0.436 | 0.446 |
| 英国 | 0.134 | 0.112 | 0.100 | 0.105 |
| 德国 | 0.192 | 0.171 | 0.152 | 0.153 |
| 意大利 | 0.171 | 0.169 | 0.164 | 0.169 |
| 法国 | 0.217 | 0.197 | 0.182 | 0.187 |
| 澳大利亚 | 0.221 | 0.195 | 0.187 | 0.191 |
| 美国 | 0.253 | 0.227 | 0.210 | 0.214 |
| 日本 | 0.266 | 0.229 | 0.218 | 0.223 |
| 阿根廷 | 0.191 | 0.212 | 0.209 | 0.229 |
| 印度尼西亚 | 0.234 | 0.246 | 0.258 | 0.261 |
| 委内瑞拉 | 0.127 | 0.114 | 0.214 | 0.275 |
| 巴西 | 0.273 | 0.290 | 0.300 | 0.309 |
| 韩国 | 0.382 | 0.365 | 0.343 | 0.345 |
| 加拿大 | 0.394 | 0.363 | 0.337 | 0.349 |
| 埃及 | 0.522 | 0.491 | 0.423 | 0.398 |
| 泰国 | 0.447 | 0.443 | 0.435 | 0.448 |
| 印度 | 0.508 | 0.520 | 0.501 | 0.500 |
| 中国 | 0.518 | 0.499 | 0.498 | 0.506 |
| 沙特阿拉伯 | 0.429 | 0.512 | 0.526 | 0.551 |
| 南非 | 0.747 | 0.659 | 0.626 | 0.626 |
| 伊朗 | 0.474 | 0.567 | 0.631 | 0.626 |
| 俄罗斯 | 0.738 | 0.696 | 0.687 | 0.693 |

# 5-3 世界主要国家和地区人均电力消费量

单位：千瓦时/人

| 地 区 | 2010年 | 2015年 | 2019年 | 2020年 |
|---|---|---|---|---|
| **世界** | **2872** | **3061** | **3265** | **3212** |
| OECD合计 | 8061 | 7800 | 7757 | 7534 |
| 非OECD合计 | 1680 | 2012 | 2296 | 2286 |
| 加拿大 | 16225 | 15828 | 15214 | 14759 |
| 美国 | 13376 | 12865 | 12744 | 12447 |
| 韩国 | 9716 | 10482 | 10878 | 10814 |
| 沙特阿拉伯 | 7975 | 10560 | 10415 | 10311 |
| 澳大利亚 | 10811 | 10065 | 9977 | 9886 |
| 日本 | 8776 | 8009 | 7899 | 7728 |
| 俄罗斯 | 6410 | 6588 | 6953 | 6838 |
| 法国 | 7740 | 7198 | 7012 | 6629 |
| 德国 | 7401 | 7032 | 6580 | 6333 |
| 中国 | 2944 | 4017 | 5082 | 5262 |
| 意大利 | 5444 | 5141 | 5260 | 4969 |
| 英国 | 5712 | 5102 | 4784 | 4515 |
| 南非 | 4543 | 4120 | 3835 | 3538 |
| 伊朗 | 2660 | 3012 | 3422 | 3413 |
| 阿根廷 | 2812 | 3166 | 2879 | 2814 |
| 泰国 | 2307 | 2584 | 2874 | 2770 |
| 巴西 | 2374 | 2557 | 2585 | 2541 |
| 委内瑞拉 | 3196 | 2708 | 1966 | 1776 |
| 埃及 | 1737 | 1688 | 1617 | 1544 |
| 印度尼西亚 | 636 | 820 | 1001 | 980 |
| 印度 | 636 | 852 | 1005 | 928 |